Einkaufen & Genießen in Oberbayern

Georg Weindl

Einkaufen & Genießen in Oberbayern

Spezialitäten vom Erzeuger

rosenheimer

München und das westliche Umland

Der Norden und Nordosten

Von Wittelsbacher Land und Holledau zum Holzland und entlang des Inns 39

Der Südwesten

Oberland, Pfaffenwinkel und Werdenfelser Land 65

Der Südosten

Zwischen Inn und Salzach, Chiemgau und Berchtesgadener Land 93

Echtes Zwetschgenwasser aus dem Rupertigau
KRÄFTE DER NATUR

Fast wie in der guten alten Zeit

Es gab eine Zeit, da gingen die Menschen noch zu ihrem speziellen Bäcker oder zum Metzger um die Ecke. Sie kauften im Krämerladen in der Nachbarschaft ein und holten die Milch vielleicht sogar noch direkt beim Bauern. Man kannte sich und wusste, wer gute und wer schlechte Produkte verkaufte. Es lohnte sich nicht, dem Kunden etwas »anzudrehen«, denn solche Geschäftspraktiken sprachen sich schnell herum. Und vor allem stand man sich tagtäglich von Angesicht zu Angesicht gegenüber – die Geschäftsleute und Erzeuger lebten vom Vertrauen der Konsumenten.
Aber irgendwann schossen Supermärkte wie Pilze aus dem Boden, erst in den Städten und schließlich auch in den Dörfern. Immer mehr Menschen wandten sich von den kleinen Läden ab und den modernen Konsumtempeln zu, die mit einem großen Angebot und niedrigen Preisen lockten. Ob die Waren dort von guter Qualität sind, merkt man bisweilen erst später, und von ihrer Herkunft weiß man meist so gut wie nichts. Bei vielen Verbrauchern hat das schließlich zu einer Rückbesinnung auf die Verhältnisse geführt, wie sie zu Großmutters Zeit herrschten. Immer weniger wird akzeptiert, dass man eigentlich die »Katze im Sack« kauft, dass in den Kühltheken Fleisch angeboten wird, dessen Verfallsdatum möglicherweise abgelaufen ist und das heimlich umetikettiert wurde. Man will nicht mehr einsehen, dass Waren quer durch die Kontinente verschoben werden, wenn es Gleichwertiges in der Nähe gibt. Fragwürdige Zusatzstoffe und gentechnische Manipulationen erregen wachsendes Misstrauen und Unbehagen. Man sehnt sich danach, wieder bei Anbietern kaufen zu können, denen man vertrauen darf, und zu wissen, von welchem Erzeuger oder Hersteller die Produkte stammen.
Noch ist diese Käufergruppe eine Minderheit, doch die Ansätze sind durchaus Erfolg versprechend und geben Anlass zu Hoffnung. Mittlerweile gibt es überall wieder Bäcker, die selbst das Brot backen – mit gutem Mehl und ohne vorgefertigte industrielle Teiglinge. Metzger schlachten das Vieh der Bauern aus der Umgebung und stellen selbst die Wurst her, wie es früher selbstverständlich war. Landwirte entdecken neue Marktnischen: Anstatt die Milch billig an Großmolkereien zu liefern, produziert man Käse und andere Milchprodukte, darunter sogar Speiseeis. Ein anderer hat auf seinem einsamen Hof eine Bäckerei eröffnet, in der das Getreide von den eigenen Feldern verarbeitet wird, und beschäftigt mittlerweile zehn Mitarbeiter. Und dann sind da noch die kleinen Landbrauereien mit erstklassigem Bier und schönen nostalgischen Gasthäusern. Sie sind erfolgreich auch über ihre Region hinaus, und manch eine liefert das Bier inzwischen selbst an die Spitzengastronomie.
Nur – wo findet man diese interessanten Adressen? Höchste Zeit also für ein Buch, das diesem Mangel abhilft. In unserem Fall ist die Palette breit gefächert und bietet für jeden Geschmack etwas. Ob ursprüngliche Biohöfe und -läden, ob schlichte, kleine Familienunternehmen oder renommierte, weithin bekannte Traditionsbetriebe – ihnen allen ist gemeinsam, dass sie ihr Handwerk mit Sorgfalt und Liebe betreiben. Und das spürt man nicht nur, sondern man schmeckt es auch.

München und das westliche Umland

Die Landeshauptstadt, Fünfseenland und Brucker Land

Alois Dallmayr

Der Dallmayr ist neben Käfer die unbestrittene Topadresse Münchens in Sachen Feinkost, allerdings wesentlich älter als der Konkurrent in der Prinzregentenstraße. Die Geschichte des Familienunternehmens lässt sich drei Jahrhunderte zurückverfolgen. Zunächst eine kleine »Spezereien-Handlung«, durfte das Geschäft später als offizieller Lieferant den bayerischen Königshof verwöhnen, und heute ist Dallmayr eine Münchner Institution sowie eine Attraktion für Touristen aus aller Welt, die bei ihrem Stadtrundgang den Gourmettempel bestaunen. Über München hinaus bekannt geworden ist das Unternehmen vor allem mit seinem eigenen Kaffee. Während man den klassischen Prodomo inzwischen auch in Supermarktregalen findet, kauft man andere, exotischere Sorten nach wie vor am besten im eleganten Stammgeschäft in der Dienerstraße, wo sie in Gefäßen aus edlem Nymphenburger Porzellan aufbewahrt werden. Oder man bestellt einfach online! Feinschmecker finden beim Dallmayr alles, was das Herz begehrt und was gut, erlesen, aber auch teuer ist. Dazu gehört eine exquisite Auswahl an Weinen und Spirituosen ebenso wie fangfrischer Fisch und Fleisch von ausgewählten Erzeugern. Eine besondere Delikatesse sind die hausgemachten Salate und Pasteten, die

Alois Dallmayr, Dienerstr. 14–15, 80331 München. Tel. 089/21350
www.dallmayr.de

köstlichen Pralinen und die Konfitüren aus eigener Herstellung. Unter eigenem Label werden auch Olivenöle und Aceto Balsamico hergestellt, und wer keine Lust zum Kochen hat, kann sich mit eher gutbürgerlichen Gerichten an der Warmtheke versorgen. Schließlich muss es nicht immer Kaviar sein, wenngleich der natürlich auch zu Dallmayrs Produktpalette gehört.

Wen die verlockenden Speisearrangements in den nostalgisch anmutenden Geschäftsräumen hungrig machen, kann sich im jüngst renovierten Restaurant im ersten Stock stärken.

Wie man hinkommt

Das elegante Geschäftshaus steht in der Dienerstraße nur wenige Meter vom Marienplatz entfernt am Rand der Fußgängerzone. Das Auto lässt man besser in einer Parkgarage oder fährt mit öffentlichen Verkehrsmitteln (U- oder S-Bahn) zum Marienplatz. Wenn man dann den Ausgang Dienerstraße wählt, steht man bereits vor dem Dallmayr.

Öffnungszeiten: Mo–Fr 9.30–19.00 Uhr, Sa 9.00–18.00 Uhr. Restaurant: Di–Sa 12.00–15.00 Uhr, 19.00–23.00 Uhr

Man muss sich schon etwas einfallen lassen, wenn man in München mit einem Kaffeehaus Erfolg haben will. Das Café Kubitscheck am Waldfriedhof hat ganz offensichtlich ein Rezept gefunden und dabei auf kosmetische Angleichungen an den Zeitgeschmack verzichtet, denn das Ambiente verrät deutlich seine Wurzeln in den späten fünfziger Jahren und kommt mit geballter Nierentischromantik daher, die heute ja bereits das Flair von Nostalgie hat. Doch dies allein würde kaum ausreichen, um ein florierendes Café zu betreiben. Zwar erfüllt das Kubitscheck diesen ganz schlichten Zweck an den Wochenenden besonders für die zahlreichen Besucher von Münchens größtem Friedhof, doch außerdem hat sich der neue Geschäftsführer Armin Stegbauer ein zusätzliches Standbein ausgedacht – im Café Kubitscheck finden unter der Woche Kurse der Kochschule Wirtschaftswunder statt, die von deftig-bayerischen über vegetarische bis zu Gerichten mit Gourmetqualitäten reichen. Aber für viele Gäste sind noch immer die verführerischen Kuchen Grund genug, das ungewöhnliche Kaffeehaus zu besuchen und sich mit Schwarzwälder Kirschtorte, Käsetorte, Apfelkuchen mit Zwiebackstreuseln oder einem Frankfurter Kranz einzudecken. Aber bitte mit Sahne!

Wie man hinkommt

Man fährt auf dem Mittleren Ring in westlicher Richtung (Ausschilderung Autobahn Garmisch) bis zum Luise-Kieselbach-Platz, biegt dort in die Waldfriedhofstraße ab und kommt kurz danach zum Café Kubitscheck, das sich auf der linken Straßenseite befindet. Zieht man öffentliche Verkehrsmittel vor, fährt man mit der U 6 bis zur Station Holzapfelkreuth und geht die letzten Meter zu Fuß.

Café Kubitscheck, Waldfriedhofstr. 105, 81377 München. Tel. 089/71049126
www.cafe.kubitscheck.de
Öffnungszeiten: Fr–So sowie an Feiertagen 8.00–17.00 Uhr

Im Herzen von München, gegenüber der ehemaligen Wittelsbacher Stadtresidenz und in der Nähe von Theatinerkirche und Feldherrenhalle, liegt die 1825 von Carl Rottenhöfer begründete Confiserie, in der sich alles um Pralinen in höchster Vollendung dreht. Rund einhundert verschiedene Sorten werden hier nach traditionellen Methoden und alten Familienrezepten hergestellt. Ergänzt wird dieses Angebot an raffinierten Köstlichkeiten durch eine Auswahl an zartem Teegebäck. Zu Weihnachten und Ostern bereichern saisonale Produkte von Schokoladenhasen und Nikoläusen bis zu Lebkuchen oder Stollen das Sortiment. Zur Confiserie in dem eleganten Palais gehört auch ein Kaffeehaus. Wenngleich ein Unternehmen, das bewusst den Charme der alten Zeiten pflegt, präsentiert man sich auch ganz modern – es ist gar kein Problem, per Internet Pralinen oder Gebäck zu ordern. Schöner ist es allerdings, selbst einmal vorbeizuschauen.

Wie man hinkommt

Den Besuch beim Rottenhöfer kann man ideal mit einem Bummel durch das Münchner Zentrum verbinden. Die Residenzstraße liegt zwischen Max-Joseph-Platz und Odeonsplatz. Das Auto muss man in einer der vielen Parkgaragen abstellen, denn der Bereich um die Residenz ist Fußgängerzone. Wer öffentliche Verkehrsmittel bevorzugt, fährt am besten mit der S- oder U-Bahn bis zum Marienplatz bzw. mit der U-Bahn bis zum Odeonsplatz. In beiden Fällen ist es nicht mehr weit.

Confiserie Rottenhöfer, Residenzstr. 25 – 26, 80333 München. Tel. 089/222915
www.rottenhoefer.de
Öffnungszeiten: Mo–Fr 8.45–19.00 Uhr, Sa 8.00–18.00 Uhr. Ruhetag an Sonn- und Feiertagen

Confiserie Elly Seidl

Elly Seidl ist in München gleichbedeutend mit feinen Pralinen. Die Gründerin des Unternehmens trug keineswegs diesen Namen, sondern hieß Barbara Grathwald. Die Firmenbezeichnung setzte sie aus ihrem Mädchennamen und dem Vornamen ihrer Tochter zusammen. Diese trat später in die Fußstapfen der Mutter und übernahm den Laden in der eleganten Maximilianstraße. Angefangen hat es 1918 bei der Firmengründung jedoch bescheidener. Barbara Grathwald begann mit einem Feinkostladen, bis sie das Herstellen handgefertigter Pralinen entdeckte, und dank der steigenden Nachfrage entwickelte sich das Geschäft zu einer der ersten Confiserien der Stadt. Mittlerweile ist die Firma im Besitz der Familie Rambold, die neben den beiden Hauptgeschäften in der Innenstadt noch Filialen in Pasing, am Münchner Flughafen sowie in Starnbergs Wittelsbacherstraße eröffnete. Absolute Frische ist oberstes Gebot, und die Auswahl ist überwältigend. Allein acht verschiedene Buttercremepralinen gibt es, dazu Blätterkrokant mit Zimt oder Zartbitter, Marzipankonfekt in den unterschiedlichsten Geschmacksvarianten, aromatisiert mit Aprikosen- oder Mandarinengeist, mit Rum, Weinbrand und anderem mehr, jede Menge raffinierter Nougatpralinen, dazu Trüffel mit Cognac, Papaya, Cappuccino oder Rum-Kokos. Man kann die süßen Pretiosen je nach Geschmack zusammenstellen oder in fertigen Packungen kaufen.

Wie man hinkommt

Die beiden Hauptgeschäfte befinden sich unmittelbar im Innenstadtbereich und sind von überall gut zu erreichen. Zum Geschäft in der Maffeistraße braucht man vom Marienplatz aus über die Weinstraße zwei bis drei Gehminuten. Zum Kosttor gelangt man über die Maximilianstraße, ebenfalls vom Marienplatz aus, in etwa acht Minuten.

Elly Seidl, Maffeistr. 1, 80333 München. Tel. 089/224434,
Am Kosttor 2, 80333 München. Tel. 089/2283879
Öffnungszeiten: Maffeistraße: Mo–Fr 9.00–18.30 Uhr, Sa 10.00–18.00 Uhr
Kosttor: Mo–Fr 9.00–18.30 Uhr, Sa 9.30–14.00 Uhr

5 Fritz Mühlenbäckerei

In dieser ungewöhnlichen Bäckerei kann der Kunde nicht nur schmackhaftes Brot und Konditorwaren aus hochwertigen Biozutaten kaufen, sondern er kann sich bei einer Führung über die Vielfalt des Brotes und des Bäckerhandwerks informieren. Was zum Beispiel verbirgt sich hinter dem Namen Quinoa-Amaranth? Kaum jemand dürfte wissen, dass es sich hierbei um ein Vollkornbrot handelt, für das neben dem Quinoa-Vollkornmehl noch Basmati-Vollkornreis verwendet wird. Doch nicht nur solch exotische Produkte findet man in der Mühlenbäckerei, sondern auch das klassische Bauernbrot, Dinkel-, Hirse-, Einkorn- oder Sportlerbrot. Doch auf keinen Fall sollte man versäumen, die zahlreichen Spezialitäten zumindest einmal zu probieren. Als Bäckermeister und studierter Lebensmitteltechniker hat Fritz Schlund nach Erfahrungen in einer Großbäckerei 1987 den Plan zur Umkehr gefasst. Er beschloss, Brot wieder nach alten handwerklichen Traditionen zu produzieren. Mit Erfolg, denn mittlerweile besteht die Mühlenbäckerei aus drei Filialen und einem Bistro. Darüber hinaus werden die Produkte in verschiedenen Biomärkten, Reformhäusern und Hofläden angeboten. Gebacken wird in der Mühlenbäckerei ausschließlich mit Zutaten aus ökologischem Anbau, und das Mehl wird von der Bioland-Erzeugergemeinschaft geliefert.

Wie man hinkommt

Die Zentrale der Mühlenbäckerei befindet sich in der Müllerstraße, die parallel zum Altstadtring im südlichen Stadtzentrum unweit des Viktualienmarktes und der Schrannenhalle verläuft. Weitere Geschäfte gibt es in der Haidhauser Rablstr. 38 auf dem anderen Isarufer in der Nähe des Rosenheimer Platzes sowie in der Schleißheimer Str. 155 im nördlichen Schwabing bei der Clemensstraße.

Fritz Mühlenbäckerei, Müllerstr. 46, 80469 München. Tel. 089/263468
www.fritz-muehlenbaeckerei.de
Öffnungszeiten: Mo–Fr 7.30–19.00 Uhr, Sa 8.00–13.30 Uhr

Herrmannsdorfer Landwerkstätten

München

Eine beispiellose Erfolgsgeschichte, was die Erzeugung und den Vertrieb ökologischer Produkte angeht, stellt dieses Unternehmen dar, das heute zu den bekanntesten Ökobetrieben in Bayern zählt. Sein Gründer Karl Ludwig Schweisfurth, ein ehemaliger Wurstfabrikant, beschloss 1984, mit der industriellen Fleischverarbeitung Schluss zu machen, und erwarb nahe Glonn im Landkreis Ebersberg das Gut Herrmannsdorf, um dort mit der Produktion von Lebensmitteln aus ökologischem Anbau und aus artgerechter Tierhaltung zu beginnen.
Wer durch den weitläufigen Innenhof geht, kommt unweigerlich an einem Verschlag vorbei, in dem ein Schwäbisch-Hallisches Landschwein fast regungslos und scheinbar recht zufrieden auf dem Boden liegt. Hier werden Tiere nicht in enge Ställe gepfercht, sondern dürfen ihr wenn auch kurzes Leben in einer naturgemäßen Umgebung verbringen. Herrmannsdorf verfügt über eine Metzgerei, die nicht nur Fleisch, sondern auch viele delikate Wurst- und Schinkenspezialitäten produziert, die keinen Vergleich mit Delikatessgeschäften zu scheuen brauchen, außerdem über eine eigene Käserei, eine Bäckerei sowie eine Brauerei. Zunächst ein Geheimtipp für Insider und Ökofreaks, sind die Landwerkstätten inzwischen einem breiten Publikum bekannt, das das Herrmannsdorfer Konzept begeistert angenommen hat.

Herrmannsdorfer Landwerkstätten, Viktualienmarkt (mit Bistro), Frauenstr. 6, 80469 München.
Tel. 089/263525; Elisabethmarkt, Elisabethmarkt 8, 80796 München. Tel. 089/2723744
Öffnungszeiten: Viktualienmarkt: Mo–Fr 8.30–18.30 Uhr, Sa 8.00–13.00 Uhr
Elisabethmarkt: Mo–Fr. 8.30–18.30 Uhr, Sa 8.00–13.00 Uhr

Wie groß diese Akzeptanz ist, zeigen die zahllosen Verkaufsstellen allein in München – außer den pittoresken Ständen auf dem Viktualien- und dem Schwabinger Elisabethmarkt gibt es Filialen in fast jedem Stadtteil, in denen außer den Eigenerzeugnissen ausgewählte Waren wie Weine, Nudeln und Olivenöl verkauft werden.
Obwohl man in München alles bekommt, was die Herrmannsdorfer herstellen, sollte man es sich nicht nehmen lassen, die etwa dreißig Kilometer bis Glonn zu fahren, um sich das Gut anzusehen. Herrmannsdorf wirbt mit zahlreichen Veranstaltungen und mit seinen glücklichen Tieren, die man auch streicheln kann, mit dem reich bestückten Hofladen und dem gemütlichen Landgasthof Schweinsbräu samt Biergarten, der ebenfalls Bestandteil des Gutes ist.

Wie man hinkommt
Der Viktualienmarkt ist kaum zu verfehlen und selbst Ortsunkundigen bekannt; der Elisabethmarkt liegt in Schwabing im Dreieck von Arcisstraße, Elisabethstraße und Barerstraße. Auf beiden Märkten finden sich die kleinen typischen Standl-Hütten.
Herrmannsdorf liegt eine halbe Autostunde südöstlich von München. Man fährt am einfachsten über Putzbrunn und Oberpframmern bis Glonn, dort geradeaus durch den Ort und biegt nach knapp zwei Kilometern links ab nach Herrmannsdorf.

Herrmannsdorfer Landwerkstätten, Herrmannsdorf 7, 85625 Glonn. Tel. 08093/90940
www.herrmannsdorfer.de
Öffnungszeiten Gut Herrmannsdorf: Di–Fr 9.00–18.00 Uhr, Sa 9.00–14.00 Uhr

Hofpfisterei

Der Name Hofpfisterei ist die alte Bezeichnung für den Hofbäcker, also einen besonders wichtigen Betrieb, der seit 1331 den bayerischen Königshof belieferte. Und genau aus einem solchen ist die in München und Umgebung berühmte und beliebte Großbäckerei hervorgegangen. Ludwig Stocker, der Vater des jetzigen Inhabers, pachtete 1917 bei der Geschäftsübernahme die Hofpfisterei noch von der königlichen Krongutverwaltung, wie es jahrhundertelang Brauch gewesen war. Heute gibt es keinen Königshof mehr als Abnehmer, dafür aber jede Menge an privaten Kunden, die das nach ökologischen Grundsätzen gebackene Brot schätzen. Denn was andere erst seit kurzem begonnen haben, das praktiziert man hier bereits seit über zwanzig Jahren. Das Getreide stammt aus der hauseigenen Meyermühle in Landshut, und mit dem Naturland-Verband gründete man die Biometzgerei Landfrau, deren Produkte in zahlreichen Filialen der Hofpfisterei verkauft werden.

Die Spezialität der Hofpfisterei sind ihre bekannten Natursauerteigbrote, die nach alter handwerklicher Tradition hergestellt und im Steinbackofen gebacken werden, wie zum Beispiel Öko-Sonne, Öko-Spezial oder das dunkle Öko-Bauernbrot. Aber auch Zeittrends wurden aufgegriffen, und so finden sich neben den Klassikern ausgefallenere Kreationen wie Karotten-Sesam-Brot. Großer Beliebtheit erfreuen sich zudem Kürbiskern- und Olivenbrote. Verschiedene Öko-Semmeln, Weckerln und Brezen sowie süße Backwaren ergänzen das Angebot.

Wie man hinkommt

Die Hofpfisterei macht es einem recht einfach. Immerhin gibt es rund 140 Filialen nicht nur in München, sondern bis Regensburg und Rosenheim oder Kempten. Man kann sich aber auch per Internet, Telefon oder Fax das Brot nach Hause schicken lassen.

Ludwig Stocker Hofpfisterei GmbH, Kreittmayrstr. 5, 80335 München. Tel. 089/52020

www.hofpfisterei.de

Die Öffnungszeiten der einzelnen Filialen können je nach Stadtteil oder Ort variieren.

Konditorei Kreutzkamm

Nach klassisch-bayerischen Mehlspeisen klingt das nicht gerade, was die elegante Konditorei im Herzen Münchens anbietet. Baumkuchen und Stollen lassen vielmehr auf eine andere Herkunft schließen. Tatsächlich wurde die Konditorei Kreutzkamm 1825 in Dresden gegründet, wo diese Spezialitäten ursprünglich beheimatet waren. Nach dem Krieg wurde 1950 in München mit den alten Rezepten ein Neubeginn gewagt. Vorzeigeprodukt von Kreutzkamm sind die Baumkuchen, die Schicht für Schicht auf offener Flamme gebacken und in verschiedenen Größen bis zu zwei Kilogramm Gewicht angeboten werden. Derartiger Aufwand hat natürlich seinen Preis, und ein stattlicher Baumkuchen kann gut und gerne mehr als fünfzig Euro kosten. Es geht aber auch kleiner – zum Beispiel mit Baumkuchenspitzen.

Neben den sächsischen Aushängeschildern bietet Kreutzkamm auch ganz klassische Sachen an wie Sand- und Marmorkuchen oder Englischen Kuchen sowie verschiedene Torten, die man nicht nur vor Ort genießen, sondern in unterschiedlichen Größen mit nach Hause nehmen kann. Zur Weihnachtszeit bereichern Stollen, Lebkuchen und Früchtebrot das Programm.

Die süßen Verführer von Kreutzkamm sind als Geschenke äußerst beliebt und werden daher gleich als Präsentpakete angeboten, auch online. Nach der Wiedervereinigung kehrte das Unternehmen teilweise in die alte Heimat zurück und eröffnete in der Nähe des ehemaligen Dresdner Stammhauses wieder eine Konditorei samt Produktionsstätten.

Wie man hinkommt

Kreutzkamm betreibt zwei Konditoreien im Münchner Zentrum. Das Café in der Maffeistraße erreicht man in wenigen Minuten vom Marienplatz über die Weinstraße. Die zweite Filiale ist nur wenige Meter entfernt am Promenadeplatz. Auch hier bietet sich als Ausgangspunkt die U- und S-Bahn-Haltestelle Marienplatz an. Für Autofahrer ist die Parkgarage an der Oper ganz nah, aber oftmals belegt.

Konditorei Kreutzkamm, Maffeistr. 4, 80333 München. Tel. 089/9935570
Pacellistr. 5, 80333 München. Tel. 089/22880300
www.kreutzkamm.de
Öffnungszeiten: Maffeistraße: Mo–Fr 8.00–19.00 Uhr, Sa 8.00–18.00 Uhr
Pacellistraße: Mo–Fr 7.00–18.00 Uhr, Sa 9.00–18.00 Uhr

Direkt an der Quelle zu sitzen, das ist auch im Metzgerhandwerk nicht von Nachteil. Für die Münchner Traditionsmetzgerei, die auf eine mehr als sechzigjährige Erfahrung zurückblickt, bedeutet der Standort in der Zenettistraße direkt am Münchner Schlachthof, dass man die Ware jeden Tag ganz frisch bekommt. Zudem ist die Metzgerei im ganzen Viertel eine beliebte Anlaufstelle, wenn es um bayerische Wurst- und Fleischwaren geht.

Das ausgesprochen umfangreiche Sortiment umfasst sämtliche Klassiker der bayerischen Küche – angefangen mit Münchner Weißwürsten über Kalbsbratwürstel, Wollwürste, Regensburger bis zu Milzwurst, Presssack, Blut- und Leberwurst sowie Wammerl. Aber auch zugereiste Sorten wie Pfälzer Leberwurst und Schlesische Bratwürste werden hier hergestellt – mit der gleichen Sorgfalt und Qualität wie die bayerischen »Kollegen«.

Wie man hin kommt

Zum Schlachthofviertel kommt man entweder vom südlichen Mittleren Ring über die Thalkirchener Straße – man biegt dann links in die Zenettistraße ein. Oder man fährt vom Zentrum kommend auf der Lindwurmstraße, muss dann allerdings beim Kreisverwaltungsreferat Rupprechtstraße wenden, um in die Zenettistraße einbiegen zu können. Ziemlich an deren Ende fährt man rechts durch ein Tor zum Viehhof. Dort befindet sich die Metzgerei.

In dem der Metzgerei angegliederten Marktstüberl kann man bereits ab sechs Uhr morgens ein deftiges Frühstück zu sich nehmen. Mittags werden dort kleine Speisen und bayerische Schmankerl angeboten – und das alles schmackhaft und zu ausgesprochen moderaten Preisen.

Metzgerei Gassner, Zenettistr. 11, 80337 München. Tel. 089/7461410
www.metzgerei-gassner.de
Öffnungszeiten: Mo–Fr 6.00–14.00 Uhr

10

Metzgerei Gaststätte Großmarkthalle

München

Das bodenständige bayerische Wirtshaus kennen nur Eingeweihte oder Leute aus der Gegend, denn es liegt versteckt in einem Viertel, das so gar nicht touristisch daherkommt und wenig gemeinsam hat mit den glitzernden Vorzeigestraßen der Landeshauptstadt. Die Nähe zur Großmarkthalle hat bei der Namensgebung Pate gestanden, doch hinter der gelben Fassade verbirgt sich eine urgemütliche alte Gaststube. Zum Gasthaus gehört eine der besten, manche behaupten die beste Metzgerei Münchens, und so werden hier die von Ludwig Wallner nach altem Familienrezept selbst hergestellten berühmten Weißwürste serviert – selbstverständlich ganz frisch, genauso wie die Wiener, Pfälzer, Regensburger oder die kälberne Briesmilzwurst, die man alle auch im Straßenverkauf erstehen kann. Es ist sicher keine Übertreibung, dass eine Münchner Boulevardzeitung den Wirt einmal den König im Weißwurstrevier getauft hat. Auch die Chefs einiger Nobelrestaurants sind schon auf den Geschmack gekommen und lassen sich von Wallner mit Weißwürsten beliefern.

Wie man hinkommt

Das Gasthaus steht im Stadtteil Sendling. Mit dem Auto fährt man am besten über den Mittleren Ring und weiter durch die Thalkirchener Straße bis zur Kochelseestraße. Im Übrigen ist die Großmarkthalle recht gut ausgeschildert. Oder man fährt mit der U-Bahn bis zur Station Implerstraße und geht das letzte Stück zu Fuß.

Gaststätte Großmarkthalle, Kochelseestr. 13, 81371 München. Tel. 089/764531
Öffnungszeiten: Mo–Fr 7.00–17.00 Uhr, Sa 7.00–13.00 Uhr

Eigentlich ist die Genossenschaft Tagwerk auf die Lieferung frei Haus und Onlineshopping spezialisiert. Im Internet kann man sich hervorragend einen Überblick über Standardangebote sowie über spezielle Aktionen verschaffen. Zudem werden wöchentlich Kundenbriefe zugeschickt. Folglich erübrigt sich eigentlich der Weg in den Münchner Osten, doch wer will, kann sich in dem Laden auf dem Städtischen Hofgut Riem mit eigenen Augen von der Frische und Qualität der angebotenen Waren überzeugen. Allerdings hat das Geschäft nur an drei Tagen in der Woche geöffnet. Ob online oder durch einen Besuch – man findet hier alles, was man in einem Haushalt an Lebensmitteln benötigt – Obst und Gemüse ebenso wie Wurst, Käse und Milchprodukte, dazu Brot und Gebäck, Süßspeisen und Süßigkeiten, Öl und Essig, Teigwaren, Wein und Babynahrung, um nur eine kleine Auswahl zu nennen. Bequem veranlagte Kunden können sich für eine der bereits zusammengestellten Ökokisten entscheiden. Diese berücksichtigen den unterschiedlichen Kundenbedarf, angefangen vom Singlehaushalt bis zur Großfamilie. Was beim Tagwerk verkauft wird, stammt von Bauern, Metzgern und Gärtnern, die sich in dieser Organisation zusammengetan haben und von Anbauverbänden wie Bioland oder Demeter überprüft werden. Ökoprodukte für das tägliche Leben, lautet das Motto. Das Aktionsgebiet der Genossenschaft umfasst neben München die Landkreise Erding, Freising, Landshut, Mühldorf und Ebersberg.

Wie man hinkommt

Von München aus kommt man am schnellsten nach Riem über die Autobahn Richtung Passau, die man bei der Anschlussstelle Riem verlässt. Nach links biegt man in die Riemer Straße ein, der man bis zur Abzweigung Isarlandstraße auf der rechten Seite folgt.

Tagwerk Ökokiste, Städtisches Hofgut Riem, Isarlandstr.1, 81829 München. Tel. 089/94528744
www.oekokiste-tagwerk.de
Öffnungszeiten: Di u. Fr 14.00–18.30 Uhr, Sa 9.00–13.00 Uhr

12 Dechants Fischladen

Starnberg

Fischereirechte werden am Starnberger See nur innerhalb der Familien übertragen, und aus diesem Grund hat dieser Beruf hier nach wie vor eine entsprechende Tradition, die gepflegt wird. Ein solcher altbewährter und bekannter Familienbetrieb ist der Dechant. An der Hauptdurchgangsstraße fällt das alte Haus mit der hohen Treppe, das einen Hauch von Behaglichkeit ausstrahlt, dem Vorbeifahrenden gleich ins Auge. Man sollte sich Zeit nehmen hereinzuschauen, denn drinnen werden nicht nur Fische aus dem Starnberger See angeboten, sondern auch internationale Spezialitäten. Besonders empfehlenswert sind die hausgemachten Fischpasteten und die zahlreichen Feinkostsalate. Geräuchert werden beim Dechant vor allem Renken, Saiblinge und Aale, alles auf traditionelle Weise über offenem Feuer und ohne Zusatzstoffe. Man kann sich übrigens alle Räucherfische einschließlich der Forellen aus dem Allgäu per Postexpress schicken lassen. Einen Besuch wert ist auch das kleine Restaurant mit den nostalgischen holzgetäfelten Gaststuben und dem Garten auf der Rückseite des Hauses.

Wie man hinkommt

Man kann das alte Haus kaum verfehlen. Von München und der Autobahn kommend, fährt man auf der Münchner Straße an der großen Kreuzung geradeaus auf die Hauptstraße, die weiter Richtung Weilheim führt, und sieht kurz danach rechts das Haus und die Reklametafeln für den Fischladen und das Restaurant.

Dechants Fischladen und kleines Restaurant, Hauptstr. 20, 82319 Starnberg. Tel. 08151/12106
www.dechants-fischladen.de
Öffnungszeiten: Di–Fr 9.00–18.00 Uhr, Sa 8.30–14.00 Uhr

Metzgerei Scholler

Ein Gasthaus mit eigener Metzgerei – selbst im noblen Starnberg findet man solch gute alte bayerische Gepflogenheiten noch, wenn auch etwas abseits der noblen Villenviertel und viel besuchten Uferpromenaden. Es ist das Gasthaus zur Sonne, zu dem die Metzgerei Scholler gehört. Hier wird noch auf solides Handwerk und regionale Produkte Wert gelegt. Das Fleisch kommt, wie man den Hinweisen im Laden entnehmen kann, von Bauern aus der Umgebung. Wichtig ist auch ein verantwortungsbewusster Umgang mit den Tieren. Das Aushängeschild sind die Weißwürste, die neben diversen anderen Wurstsorten schon etliche Auszeichnungen erhalten haben. Im Angebot ist ferner deftige Hausmannkost wie Sülzen oder Bauernschmaus. Wer es lieber leichter mag, kann sich an der Salat- und Käsetheke bedienen. Kurzum: eine bodenständige Landmetzgerei ohne Schnörkel, bei der Herkunft und Qualität der Waren ganz offensichtlich stimmen.

Wie man hinkommt
Man erreicht Starnberg von der Autobahn München–Garmisch aus. Am Ende des Autobahnzubringers geht es auf der Münchner Straße zweispurig in Richtung Zentrum. An der großen Kreuzung, wo man links in den Ortskern abbiegt, fährt man rechts in die Hanfelder Straße und erreicht nach etwa zweihundert Metern links das Gasthaus und die Metzgerei. Einige wenige Parkplätze gibt es vor dem Haus.

Metzgerei Scholler und Gasthaus zur Sonne, Hanfelder Str. 7, 82319 Starnberg. Tel. 08151/2060
Öffnungszeiten: Mo 8.00–12.30 Uhr, 15.00–18.00 Uhr, Di 8.00–12.30 Uhr, Mi u. Do 8.00–18.00 Uhr, Fr 7.30–18.00 Uhr, Sa 7.30–12.00 Uhr

Wieners Kaffeerösterei

Während sich in deutschen Kaffeehäusern meist alles um Espresso, Cappuccino und andere italienische Spezialitäten oder neuerdings auch um amerikanische Kreationen dreht, ist hier ein Österreicher gekommen und hat in Oberbayern eine Rösterei in der Wiener Tradition eröffnet. Warum auch nicht – Kaffee ist schließlich Kult, und die Zeiten, in denen die Tasse oder das Kännchen vor allem deutschen Bohnenkaffee enthielt, sind längst vorbei.

Wie man hinkommt
Fährt man von der Autobahn München–Garmisch Richtung Starnberg, dann sieht man am Stadtrand gleich rechts die Rösterei in der profanen Gesellschaft von Autohändlern. Parkplätze sind nur begrenzt vorhanden.

Hier in der kleinen und charmant überfüllten Rösterei verarbeitet man nur hochwertige Arabica-Bohnen zu den diversen Hausmischungen für Genießer, für Vieltrinker und für Menschen mit sensiblem Magen. Dazu gibt es klassische sortenreine Kaffees wie Maragogype oder Kenia-Kaffee.
Ergänzt wird das Angebot durch österreichische Zuckerbäckerwaren und Schokoladenköstlichkeiten sowie durch ausgesuchte Weine und Schnäpse. Es gibt zwar wenig Platz, aber Kaffee und Kuchen kann man gleich vor Ort genießen. Wieners ist übrigens mit einer ganzen Reihe von Kaffeebars in München vertreten, eine Rösterei aber gibt es nur in Starnberg.

Wieners Kaffeerösterei, Münchner Str. 27, 82319 Starnberg. Tel. 08151/268284
www.wieners.de
Öffnungszeiten: Mo–Sa 11.00–18.00 Uhr

15 Brauerei Kloster Andechs

Der Heilige Berg hoch über dem Ostufer des Ammersees ist wohl eine der berühmtesten Pilgerstätten im Bayernland, auch wenn heute nicht mehr allein die Frömmigkeit Grund für die Anreise ist, sondern eher Hunger und Durst. Die Benediktiner, den weltlichen Genüssen ja bekanntermaßen nicht abgeneigt, betreiben hier nicht nur eine große Gastronomie mit berühmtem Biergarten, sondern auch noch eine Brauerei und Likörbrennerei. Die Produktion findet jedoch recht dezent abseits des Trubels statt, denn Brauerei und Brennerei befinden sich auf der Nordseite des Bergs. Erzeugt werden hier das kräftige Spezial Helle, das »normale« Hell, ein Dunkles sowie ein helles und dunkles Weißbier, ferner der Bergbock und der fast schon legendäre dunkle Doppelbock mit eindrucksvollen sieben Prozent Alkohol und achtzehn Prozent Stammwürze. In der Brauerei gibt es einen Direktverkauf, doch wird das Bier nur trägerweise abgegeben. Seit 1455 brauen die Mönche von Andechs Bier, und auf diese Zeit dürften auch die Anfänge der Brennerei zurückgehen. Heute produziert man hier einen Enzian, Kräuterliköre, einen Fruchtlikör aus schwarzen Johannisbeeren, einen Honiglikör mit Williams Christ und einen klassischen Obstler. Die Schnäpse kann man in der Gastwirtschaft oder im Klosterladen vor dem Eingang kaufen. Freitags werden in der klostereigenen Metzgerei am Fuß des Berges die selbst produzierten Wurstwaren angeboten. Bei Interesse kann man übrigens an Führungen durch die kleine Brennerei teilnehmen.

Wie man hinkommt

Nach Andechs kommt man entweder von Herrsching am Ammersee oder von Starnberg her. Der Klosterberg ist schon von weitem sichtbar. In Erling geht es bei der Kirche in die Andechser Straße, und nach etwa einem Kilometer erreicht man den großen Parkplatz, wo für die Besucher des Braustüberls und des Biergartens Endstation ist. Zur Brauerei fährt man auf der Straße weiter, biegt nach hundert Metern links ab und kommt an den Garagen vorbei zum Büro der Brauerei.

Kloster Andechs, Bertstr. 2, 82346 Andechs. Tel. 08152/3760

www.andechs.de

Öffnungszeiten: Brauerei: Mo–Do 6.45–12.00 Uhr, 13.00–16.45 Uhr, Fr 6.45–11.15 Uhr

Klosterladen: Mo–Fr 10.00–17.30 Uhr, Sa 10.00–18.30 Uhr. So u. Feiertage 9.30–18.30 Uhr

Metzgerei: Fr 8.00–11.00 Uhr

Andechser Hofladen

Wie man hinkommt

Von München kann man über die Lindauer Autobahn bis Oberpfaffenhofen, dann über die Landstraße bis Herrsching und weiter Richtung Starnberg fahren, bis man nach wenigen Kilometern Erling/Andechs erreicht. Oder man wählt den Weg über Starnberg, biegt dort von der Hauptdurchgangsstraße fast am Ortsende rechts Richtung Söcking ab und fährt weiter bis Erling/Andechs. Im Ort biegt man in den Kerschlacher Weg ein und fährt an der Molkerei Scheitz vorbei bis zum Hofladen am Tannhof.

Dass Andechs mit seinem berühmten Benediktinerkloster nicht nur ein Wallfahrtsort für fromme Pilger, sondern auch für Liebhaber der bayerischen Küche und des Bieres ist, das muss man eigentlich nicht näher erklären. Aber mittlerweile werden auf diesem heiligen Berg bayerischer Lebensart nicht nur deftige Kalorienbomben angeboten, denn hier hat sich die Molkerei Scheitz erfolgreich mit einem Laden für Biolebensmittel etabliert. Das sind natürlich in erster Linie die eigenen Erzeugnisse: die verschiedensten Käsesorten, darunter vor allem Ziegenkäse, sowie Butter, Sauerrahm, Quark, Joghurt und Biolandmilch.

Eine besondere Spezialität ist die Ziegenmilch. Außerdem gibt es allerlei Obst- und Gemüsesorten zu kaufen sowie Olivenöl, hausgemachte Nudeln, Biowurst und Biowein – also fast alles, was man zum Essen braucht, nur eben in Bioqualität. Ob man dann nach dem Einkauf noch den Andechser Berg bezwingt und sich im Bräustüberl niederlässt? Ist zwar nicht alles Bio dort, aber trotzdem reizvoll.

Andechser Hofladen, Tannhof 1, 82346 Andechs. Tel. 08152/8961
www.andechser-hofladen.de
Öffnungszeiten: Di–Fr 9.00–17.00 Uhr, Sa 9.00–12.00 Uhr

Gut Kerschlach

Seit rund zehn Jahren gibt es den auf ökologische Produkte spezialisierten Gutshof in dem idyllischen Hügelland zwischen Starnberger See und Ammersee. Angebaut und produziert wird nach EU-Ökorichtlinien und den Vorgaben des Verbands Naturland. Es ist eine großzügige Anlage, bei der neben der Landwirtschaft auch die Pferdehaltung ganz offensichtlich eine wichtige Rolle spielt, wie an den Ställen, dem Dressurplatz und dem Springplatz sowie den weitläufigen Koppeln zu erkennen ist.

Was auf dem Gut produziert wird, das kann man im Hofladen erwerben, der unmittelbar neben dem Gutshaus steht. Hier gibt es Fleisch und Wurstwaren, Brot, Käse und Molkereiprodukte. Obst und Gemüse stammen von anderen Erzeugern aus der Region, aber ebenfalls aus kontrolliert biologischem Anbau. Das gilt auch für Säfte, Weine und sämtliche Nahrungsmittel. Eine Kaffeebar mit Getränken und Snacks und eine Spielecke für Kinder unterstreichen das Bemühen des Gutes, Besucher nicht nur als Kunden anzuziehen, sondern dem Aufenthalt Erlebnischarakter zu verleihen. Dazu dienen auch die regelmäßig stattfindenden Reitturniere. Wer sich mehr für das Leben auf dem Ökogut interessiert, kann sich zudem zu einer Hofführung anmelden.

Wie man hinkommt

Von Starnberg aus fährt man über die große Durchgangsstraße Richtung Weilheim. Zwischen Traubing und Pähl biegt man rechts ab nach Kerschlach und erreicht das Gut nach knapp einem Kilometer.

Gut Kerschlach, Kerschlach 1, 82396 Pähl. Tel. 08808/92110
www.gut-kerschlach.de
Öffnungszeiten: Mo–Fr 10.00–19.00 Uhr, Sa 9.00–16.00 Uhr

18

Riedhof

Eresing

Selbst ist der Landwirt – das gilt eindeutig auch für den Riedhof, ein stattliches Anwesen, das fast die Größe eines Gutshofes hat und nordwestlich des Ammersees nicht weit von Geltendorf einsam in der sanften Hügellandschaft steht. Rinder, Kälber, Schweine, Schafe, Ziegen und Kaninchen sowie Geflügel werden hier mit selbst produziertem Getreide gefüttert, ganz in der Nähe geschlachtet und im eigenen Hofladen schließlich vermarktet. Die Auswahl dort lässt sich sehen: Vom Frischfleisch über Schinken, Salami und Leberwurst, über Leberkäse, Kalbskäse und Presssack bis zur Surhaxn ist alles da. Außerdem werden noch je nach Saison Hähnchen, Enten, Gänse und Puten angeboten sowie natürlich Eier von freilaufenden Hühnern. Vom Hof stammen auch Obst und Honig, und das Bauernbrot wird im eigenen Holzofen gebacken.

Selbst einem neuen Trend kreativer Landwirte ist die Familie Höß gefolgt, denn auf dem Riedhof wird Speiseeis hergestellt – aus eigener Milch und Sahne und mit Früchten aus dem Obstgarten.

Um ein breites Angebot im Hofladen präsentieren zu können, werden andere Bioprodukte hinzugekauft: wie etwa Fruchtsäfte, Wein, Bier und Teigwaren, dazu eine gut sortierte Käseauswahl und andere Milchprodukte von der Schönegger Käse-Alm und der Käserei Lerchenmüller in Wasserburg (S. 95).

Wie man hinkommt

Man verlässt die Autobahn München–Lindau bei Windach und fährt nach Norden Richtung Eresing. Nach etwa eineinhalb Kilometern zweigt kurz vor dem Ort die Straße zum Riedhof ab.

Riedhof, Riedhof 1, 86922 Eresing. Tel. 08193/279

www.riedhofer-hofladen.de

Öffnungszeiten: Do u. Fr 9.00–18.00 Uhr, Sa 9.00–14.00 Uhr

Broslhof

Wie vielseitig ein landwirtschaftlicher Betrieb heutzutage sein kann, das zeigt der Broslhof auf eindrucksvolle Weise. Hier wird zum einen Urlaub auf dem Bauernhof auf höchstem Niveau und mit allem Komfort bis hin zu Sauna und Hallenbad praktiziert und gleichzeitig naturnahe, umwelt- und tierfreundliche Landwirtschaft betrieben.
Neben der Liegewiese für die Gäste gibt es einen Fischteich und einen üppigen Kräutergarten. Für die Kinder laufen Streicheltiere herum, aber sie bekommen auch einen nachhaltigen Eindruck von artgerechter Tierhaltung. So dürfen auf dem Broslhof die Kälber bei ihrer Mutter bleiben und werden nicht von Hand aufgezogen wie anderswo üblich. Außerdem gehören noch Schweine und Schafe zum Betrieb. Das Fleisch aus eigener Schlachtung und die Wurstwaren werden neben anderen Bioprodukten wie Käse, Obst und Gemüse, die von regionalen Herstellern bezogen werden, im Hofladen angeboten.

Wie man hinkommt

Inning liegt am Nordufer des Ammersees direkt an der Autobahn München–Lindau. Von der Ausfahrt ist es nur ein kurzes Stück bis Inning. Gleich am Ortsanfang bei der Tankstelle sieht man auf der rechten Straßenseite die Einfahrt zum Broslhof.

Broslhof, Brucker Str. 3, 82266 Inning am Ammersee. Tel. 08143/7041
www.broslhof.de
Öffnungszeiten: Do u. Fr 9.00–13.00 Uhr, 14.30–18.30 Uhr, Sa 9.00–15.00 Uhr

20 Kaspars Hofladen

Puchheim

Der Hof der Familie Kaspar ist eine stattliche Landwirtschaft, die mitten im alten Ortskern liegt. Hier werden vor allem Ochsen gezüchtet und, sobald sie schlachtreif sind, ausschließlich in Eigenregie vermarktet. Der Betrieb ist Mitglied im Verbund Brucker Land und arbeitet nach dessen ökologischen Grundsätzen. Der gut sortierte Hofladen bietet neben dem Fleisch der eigenen Ochsen noch Schweinefleisch aus der Luttenwanger Metzgerei Jais (S. 36) sowie Lammfleisch vom Biolandschäfer und Wild aus heimischer Jagd an. Ein Teil der Wurstwaren wie Leberkäse oder Salami ist hausgemacht, der Rest stammt ebenfalls vom Jais. Schließlich werden noch Käse, Eier, Nudeln, Mehl, Brot, Saft, Honig, Senf und sogar Essiggurken von anderen Betrieben der Brucker Erzeugergemeinschaft angeboten. Eine Auswahl an Weinen aus Rheinhessen rundet das Angebot ab.

Wie man hinkommt

Puchheim liegt westlich von München auf halbem Weg nach Fürstenfeldbruck. Man fährt am besten auf der Autobahn Richtung Lindau bis Unterpfaffenhofen und dann über Germering bis Puchheim. Auf der Augsburger Straße geht es bis zum westlichen Ortsrand, dann rechts in die Eichenauer Straße, wo man gleich auf den Äckerweg kommt.

Kaspars Hofladen, Äckerweg 1, 82178 Puchheim. Tel. 089/89026741
www.kaspars-hofladen.de
Öffnungszeiten: Di–Fr 9.00–19.00 Uhr, Sa 8.00–13.00 Uhr

Brennerei Hotel zur Post

Fürstenfeldbruck

Das Romantikhotel zur Post ist eine gute Adresse im Herzen von Fürstenfeldbruck mit edel ausgestatteten Zimmern im Landhaus- oder Biedermeierstil. In der Region ist die Post, beziehungsweise sind ihre Besitzer, die Familie Weiß, auch bekannt für die Schnapsbrennerei. Von so manchem Einheimischen hört man, dass er normalerweise keinen Schnaps trinken würde, nur bei dem von der Post würde er eine Ausnahme machen. Gebrannt wird mittlerweile seit dreißig Jahren, und zwar ganz traditionell. Die Brennerei befindet sich auf dem Zellerhof, einem familieneigenen Gut in der Nähe, und hergestellt werden sechs Sorten: Apfelbrand, Mirabellengeist, Kirschwasser, Obstbrand (Apfel/Birne), Williamsbirne und Zwetschgenwasser. Die Früchte stammen teils vom eigenen Hof, teils wird zugekauft. Ein Großteil der Brände landet natürlich in der Gastronomie; der Rest wird entweder gegen Vorauskasse zugesandt oder in 0,5-Liter-Flaschen an der Hotelrezeption verkauft – zu relativ moderaten Preisen, denn wenn man die Qualität berücksichtigt, sind 13 bis 20 Euro durchaus angemessen.

Wie man hinkommt

Von München fährt man auf der B 471 nach Fürstenfeldbruck. Die Hauptstraße liegt direkt im Zentrum beim Leonhardiplatz.

Romantik Hotel zur Post, Hauptstr. 7, 82256 Fürstenfeldbruck. Tel. 08141/31420

www.hotelpost-ffb.de

Öffnungszeiten: Verkauf an der Hotelrezeption zu den üblichen Öffnungszeiten

Metzgerei Jais

Es hat sich offensichtlich gelohnt, dass die einst kleine Landmetzgerei kräftig in Qualität investiert hat. Kaum hat man den neuen Laden gebaut, die Schweinestallungen auf dem eigenen Bauernhof nach den Grundsätzen artgerechter Tierhaltung umgestaltet und begonnen, nach den Richtlinien des Ökoverbunds Brucker Land zu produzieren, da wurde der Jais auch schon vom Feinschmecker-Magazin zu den besten Metzgereien im Land gekürt. »Heimische Qualität auf kürzestem Weg«, lautet das Motto der Firma. Die Tiere, die entweder vom eigenen Hof oder von benachbarten Ökobauern stammen, werden mit heimischem Futter ohne Leistungsförderer aufgezogen, und das Saatgut für das Futter ist gentechnikfrei. Das Angebot in der kleinen, aber sehr ansprechend dekorierten Metzgerei ist klassisch

bayerisch, bietet neben üblichen Fleisch- und Wurstwaren eine vielseitige Auswahl an Käse und frischen Salaten. Eine zweite Filiale existiert inzwischen im benachbarten Mammendorf.

Wie man hinkommt

Luttenwang liegt einige Kilometer westlich von Fürstenfeldbruck. Von dort fährt man über die B 2 bis Mammendorf, biegt von der Augsburger Straße links in die Jesenwanger Straße ein, fährt danach rechts Richtung Nassenhausen und durch den Ort hindurch weiter bis Luttenwang. Die Metzgerei liegt mitten im Dorf an der Kreuzung gegenüber dem Gasthof.

Metzgerei Jais, Angerstr. 2, 82276 Luttenwang. Tel. 08202/8198
www.landmetzgerei-jais.de
Öffnungszeiten: Di–Do 8.00–12.30 Uhr, 14.30–18.00 Uhr, Fr 8.00–18.00 Uhr, Sa 7.30–12.00 Uhr

Wallners Bioputen

Putenfleisch hat sich zwar schon seit Jahren einen Ruf als magere und kalorienarme Alternative zum Schweine- und Rindfleisch erworben, doch ist es zuweilen ins Gerede gekommen wegen der wenig ansprechenden Mast- und Aufzuchtmethoden. Gott sei Dank macht sich auch hier langsam ein Umdenken bemerkbar, wie gerade dieser Betrieb im Dachauer Hinterland deutlich beweist. Beim Wallner, Mitglied im Verband Naturland, folgt man schon seit 1995 dem Trend zu naturbewusster Tierhaltung und hat die Putenmast und den Ackerbau auf biologische Erzeugung des Futtergetreides umgestellt. Verkauft werden das Fleisch und die Wurstwaren über verschiedene Ökoläden und Biomärkte, aber auch der eigene Hofladen bietet eine reichhaltige Auswahl an Wurstwaren und Frischfleisch, das in der Sommersaison zum Grillen bereits mariniert verkauft wird. Zu den Wurstwaren gehören Wiener, Leberkäse, Knacker, Salami, Bierschinken, Leberwurst und Lyoner, dazu Schinkenspezialitäten und Putenbrust.

Wie man hinkommt
Der kleine Weiler Goppertshofen liegt im Landkreis Dachau. Von der Kreisstadt fährt man nach Norden in Richtung Hebertshausen, biegt vor dem Ort links ab in die Prittbacher Straße und kommt über Prittbach direkt nach Goppertshofen. Der Hof befindet sich mitten im Dorf.

Wallners Bioputen, Goppertshofen 5, 85241 Hebertshausen. Tel. 08131/79212
www.wallners-bioputen.de
Öffnungszeiten: Do u. Fr 8.00–18.00 Uhr, Sa 8.00–12.00 Uhr

Der Norden und Nordosten

Von Wittelsbacher Land und Holledau zum Holzland und entlang des Inns

Biobäckerei Gürtner

Oberroth

Glücklicherweise lohnt es sich bisweilen doch, wenn Betriebe nicht jeder Modeerscheinung nachlaufen und auf ihren Grundsätzen beharren. Bei der Bäckerei Gürtner kann man auf über hundert Jahre Erfahrung im Bäckerhandwerk zurückblicken und hat viele Wechselfälle erlebt. Immerhin gab es einige Durststrecken zu überstehen, als das gute alte Handwerk nichts mehr galt, als mehr und mehr Bäckereien dem Trend folgten und industrielle Fertigmischungen und Teiglinge dem mühsamen Selberbacken vorzogen. Der Gürtner ist dieser Versuchung nicht erlegen und hat Recht behalten, denn seit einigen Jahren wächst wieder die Nachfrage nach Brot, das von Hand mit hochwertigen Zutaten hergestellt wird. In Oberroth geht man sogar so weit, das Vollkorngetreide auf eigenen Spezialmühlen zu verarbeiten, und kann deshalb sortenreine Vollkornprodukte anbieten. Gebacken wird ohne alle chemischen Zusätze oder Konservierungsstoffe. Selbst auf die Verwendung von Hefe wird verzichtet – stattdessen benutzt man ein spezielles Sauerteigverfahren. Mittlerweile existieren neben dem Stammhaus in Oberroth zahlreiche Filialen in der Region München und Dachau, wo der Gürtner zusätzlich einen Naturkostladen eröffnet hat.

Wie man hinkommt
Der kleine Ort liegt rund zehn Kilometer nordwestlich von Dachau. Von hier aus fährt man auf der Augsburger Straße in Richtung Aichach über Schwabhausen direkt nach Oberroth, wo man an der Gabelung links in die Friedberger Straße abbiegt.

Bäckerei Anton Gürtner, Friedberger Str. 13, 85241 Oberroth. Tel. 08138/697205
www.baeckerei-guertner.de
Öffnungszeiten: Mo–Fr 6.00–12.30 Uhr, 14.30–18.00 Uhr, Sa 6.00–12.00 Uhr

Bauernhöfe mit kleinen und eher schlichten Hofläden gibt es viele. Beim Lampl in Pfaffenhofen ist man schon einen Schritt weiter. Einen Spezialitätenladen nennt die Chefin das Geschäft. Und wenn man das Angebot näher betrachtet, kann man dem kaum widersprechen. Hier gibt es in erster Linie natürlich die Fleisch- und Wurstwaren aus dem eigenen Betrieb, dessen Schwerpunkt auf der Ochsenzucht liegt und der daneben noch Geflügel hält. Das Fleisch anderer Tiere wird von Bauern aus dem Umland bezogen. Was in der Wurstvitrine liegt, das ist alles hausgemacht und weitgehend fettarm. Konkurrenzlose Spezialität des Hauses ist das Ochsengeräucherte. Im Internet werden darüber hinaus aktionsweise auch andere Besonderheiten angeboten. Allerdings ist es empfehlenswert, telefonisch nachzufragen, ob das Gewünschte gerade zur Verfügung steht. Was sonst so im Laden verkauft wird, stammt von Betrieben aus der Region. Neben Gemüse, Käse, Säften und anderen Lebensmitteln gehören dazu Schnäpse der Hofbrennerei Friedlhof. Der Lamplhof ist kein Biobetrieb, aber man legt Wert darauf, dass naturnah, mit eigenen Erzeugnissen und ohne Gentechnik gearbeitet wird.

Wie man hinkommt

Von der Ausfahrt Odelzhausen auf der Autobahn München–Stuttgart fährt man durch Odelzhausen, dann links weiter über Wagenhofen nach Pfaffenhofen. Im Dorf weist ein Schild den Weg zu Hof und Laden.

Lamplhof, Kirchplatz 2, 85235 Pfaffenhofen an der Glonn. Tel. 08134/92808
www.lampl-hof.de
Öffnungszeiten: Di u. Do 8.30–12.00 Uhr, 14.00–18.00 Uhr, Fr 8.30–18.00 Uhr, Sa 8.00–12.00 Uhr

26

Brennerei Schloss Hohenkammer

Hohenkammer

Schloss Hohenkammer ist eine überaus stattliche Anlage, die bis ins 16. Jahrhundert der einflussreichen Adelsfamilie von Camer gehörte, die dem Ort auch den Namen gab. Es folgten wechselnde Schlossherren, und heute befindet sich das Anwesen im Besitz der Münchener Rückversicherung, die hier ein nobles Tagungshotel mit Restaurant eröffnet hat. Zum Schloss gehört auch ein Gutshof, der anerkannt ist als ökologischer Vorzeigebetrieb. Hier wird auf über zweihundert Hektar Ackerland vor allem Ökosaatgut produziert, daneben werden Puten gezüchtet, und es gibt noch fünfhundert Hektar Forstnutzfläche. Das besondere Highlight sind jedoch die selbst gebrannten feinen Schnäpse und das Kürbiskernöl. Beides kann man direkt beim Erzeuger kaufen, allerdings nicht auf dem etwa einen Kilometer südlich gelegenen Gut Eichethof, sondern an der Rezeption des Hotels im Schloss. Hier gibt es eine Vitrine mit den Edelbränden vom Apfelbrand über Williamsbirne bis zu Quitte, Aprikose, Mirabelle oder schwarze Johannisbeere. Besonders edel sind Apfel-Barrique und Zwetschgen-Barrique. Das erlesene Kürbiskernöl wird nur in kleinen Flaschen angeboten, aber die Preise sind, dem Ambiente und der Qualität entsprechend, durchaus gehobener Natur.

Wie man hinkommt

Von der Ausfahrt Allershausen der Autobahn München–Nürnberg fährt man nach Westen etwa fünf Kilometer bis Hohenkammer. Im Ort biegt man an der Kreuzung links in die Petershauser Straße (Richtung Markt Indersdorf) ab und nach etwa zweihundert Metern rechts in die Schlossstraße.

Schloss Hohenkammer, Schlossstr. 20, 85411 Hohenkammer. Tel. 08137/9340
www.schlosshohenkammer.de
Öffnungszeiten: Verkauf an der Hotelrezeption zu den üblichen Öffnungszeiten

Altomünster

In dem beschaulichen Dorf im nordwestlichen Hinterland von München ist die Bierwelt offensichtlich noch in Ordnung. Mit dem Maierbräu gibt es hier nicht nur eine traditionsreiche Brauerei, sondern auch noch den passenden Gasthof. Drei Brauereien konnte Altomünster einst vorweisen, was Herzog Georg dem Reichen zu verdanken war, der um 1500 entsprechende Rechte vergab. Aus der einstigen Klosterbrauerei ging der heutige Bräu hervor und befindet sich seit 1886 im Besitz der Familie Maier – eine bodenständige Brauerei, die vor allem für ihr Export Hell bekannt ist und ganz auf bayerische Brautradition setzt. Weitere Biere sind Landler Weiße und Landler Dunkel, dann das klassische Alto Dunkel und ein Jacobi Pils. Dem Zeitgeist entspricht das »Mensch Maier« in der handlichen 0,33-Liter-Flasche. Aus dem Export Hell wird als zusätzliches Produkt ein Bierbrand hergestellt. Recht umfangreich ist auch das Sortiment an Limonaden und Fruchtsäften. Zu diesen »Maierbräu-Durstlöschern« gehört das Tafelwasser Aqua Alto, eine Abwandlung des italienischen Begriffs für Hochwasser. Recht gut vertreten ist das Bier auch auf der Speisekarte des Gasthofs, denn man trinkt es in Altomünster nicht nur, sondern nimmt es zugleich zum Kochen her wie für die Bierschaumsuppe, oder man backt damit Bierbrot.

Wie man hinkommt
Man verlässt die Autobahn München-Stuttgart bei der Ausfahrt Odelzhausen und fährt nach Norden über Hohenzell nach Altomünster. Auf dem Weg ins Zentrum kommt man direkt zur Brauerei und zum Gasthof.

Maierbräu, Marktplatz 2, 85250 Altomünster. Tel. 08254/99870
www.maierbraeu.de
Öffnungszeiten: Mo–Fr 7.00–11.30 Uhr, 12.30–16.00 Uhr

28

Kramerbräu Naturkosthof

Pfaffenhofen a. d. Ilm

Wie man hinkommt

Der Weg ist denkbar einfach. Kommt man von der Ausfahrt Pfaffenhofen an der Autobahn München–Nürnberg, dann sieht man am Stadtrand vor der Bahnunterführung bereits links an der Eberstettener Straße den großen Holzstadel.

Das Gemüse liefern Biobetriebe aus der Umgebung. Dazu gibt es noch Perger-Säfte oder Senf von Byodo, ebenso Balsamico, italienische Weine, Biobier aus Bayern und Franken, spezielle Mineralwasser und Teigwaren – eben alles, was die Kundschaft so wünscht. Was es nicht gibt, das sind Fleisch- und Wurstwaren, doch das trübt den hervorragenden Eindruck, den dieses sympathische Geschäft und sein Besitzer vermitteln, nicht in geringster Weise.

Einfach, dabei trotzdem gemütlich – so präsentiert sich der alte Stadel am Stadtrand von Pfaffenhofen und bietet auf diese Weise ein stimmungsvolles Einkaufserlebnis. Beim Kramerbräu handelt es sich nicht, wie man vielleicht meinen könnte, um eine Brauerei. Vielmehr hat sich hier ein ehemaliger Landwirtschaftsberater seinen Traum erfüllt und einen Naturkostladen eröffnet. Die umliegende Fläche wird mit Beerenobst bewirtschaftet, mit Erdbeeren, Himbeeren, Johannisbeeren oder Heidelbeeren, die man natürlich im Laden kaufen und im Übrigen auf dem Feld auch selber pflücken kann.

Kramerbräu Naturkosthof, Eberstettener Str. 14, 85276 Pfaffenhofen an der Ilm. Tel. 08441/5353
Öffnungszeiten: Di 9.00–13.00 Uhr, Do 9.00–12.00 Uhr, Fr 9.00–13.00 Uhr, 16.00–18.00 Uhr, Sa 9.00–12.00 Uhr

Pfaffenhofen a. d. Ilm

Essen und Trinken spielen in dieser Gegend eine wichtige Rolle. Schließlich befindet man sich in der Holledau, wo der fürs Bierbrauen wichtige Hopfen gedeiht und die Spargelfelder rund um Schrobenhausen nicht weit sind. Eine gute Adresse für Freunde solider bodenständiger Küche ist der Galster, ein Landgasthof wie aus dem Bilderbuch, zu dem natürlich auch ein Biergarten gehört. Der Qualität der im Gasthof servierten Speisen entspricht auch das Angebot der hauseigenen Metzgerei, die sich in der Region einen Namen gemacht hat. Das Fleisch wird von ausgesuchten Bauern bezogen. Die Rinder stammen von einem Biohof, und auch Kälber und Schweine werden aufgezogen wie zu Großmutters Zeiten. Eine Spezialität vom Galster ist Wurst im Glas. Ebenso wie das Gasthaus überzeugt auch die Metzgerei zudem durch ihre reellen Preise. Ein Abstecher nach Pfaffenhofen ist also durchaus empfehlenswert!

Wie man hinkommt

Von der Ausfahrt Pfaffenhofen auf der Autobahn München–Nürnberg fährt man vorbei am Gewerbegebiet Richtung Pfaffenhofen. Direkt am Ortsrand vor der Bahnunterführung geht es rechts nach Förnbach, das man nach etwa einem Kilometer erreicht. Dort sieht man vor einer Rechtskurve den Gasthof mit der Metzgerei samt großem Parkplatz.

Metzgerei Gasthof Galster, Förnbachstr. 19, 85276 Pfaffenhofen an der Ilm. Tel. 08441/9803
Öffnungszeiten: Mo–Fr 7.00–13.30 Uhr, 15.00–18.00 Uhr,
Sa 7.00–12.00 Uhr

30

Schätzl Kürbiskernöl

Die Verwertung der kleinen, länglichen schwarzen Kerne des Kürbis war ursprünglich vor allem in der Steiermark beheimatet, aber inzwischen ist es auch hierzulande in Mode gekommen, sie für Brote, Salate, Suppen und andere Gerichte zu verwenden. Besonders geschätzt wird jedoch ihr Öl. Das hat man auf einem kleinen Bauernhof in Moosburg an der Isar vor über zehn Jahren erkannt und planmäßig begonnen, Kürbisse anzubauen und daraus Öl zu gewinnen. Und zwar auf ökologische Weise, denn es wird ohne chemische Pflanzenschutzmittel gearbeitet.

Neben dem Kürbiskernöl kann man beim Schätzl auch die Kerne selbst kaufen, angefangen von einer Kleinstpackung bis hin zum Riesensack. Es gibt sie übrigens auch geröstet und mit Schokolade. Neben den Kürbisprodukten findet man noch Rapsöl und Walnussöl, Apfel-, Birnen- und Himbeeressig, Birnenmost und verschiedene Obstsäfte sowie Weine aus der Steiermark. Man kann übrigens auch online bestellen.

Wie man hinkommt

Moosburg liegt auf halbem Weg zwischen München und Landshut und hat mehrmals in der Stunde Zugverbindungen in beide Städte. Mit dem Auto erreicht man den Ort von der Autobahn München-Deggendorf, Ausfahrt Moosburg-Süd. Dort fährt man auf die Landshuter Straße, dann über Krankenhausweg und Bahnhofstraße quer durch den Ort bis zur Georg-Schweiger-Straße.

Schätzl GmbH, Georg-Schweiger-Str. 11, 85368 Moosburg. Tel. 08761/2351
www.kuerbiskernoel.de
Öffnungszeiten: Fr 16.00–19.00 Uhr.

31 Monis Hofladen

In Monis kleinem Laden dreht sich alles um die Wurst. Und ums Fleisch natürlich auch, denn was hier auf dem Biobauernhof der Familie Landersdorfer in dem winzigen Dorf Angerskirchen bei Taufkirchen geschlachtet wird, kommt als Frischfleisch oder Wurst in die Vitrine. Allerdings wird nicht wie in anderen Biometzgereien auf die Verwendung von Pökelsalz verzichtet, weil dieses der Wurst ein appetitlicheres Aussehen verleiht. Hier gibt es Lammfleisch und Schweinefleisch – Letzteres eine Besonderheit, denn hier werden die Bunten Bentheimer gehalten, einst eine beliebte Rasse, die aber mit der zunehmenden Industrialisierung der Fleisch- und Wurstproduktion unrentabel geworden ist und deshalb heute als echte Rarität gilt. So klein der Laden ist, auf ihr Wurstangebot ist die Hausherrin stolz. Bis zu achtzig Sorten stellt sie auf ihrem Hof her. Wie in einer richtigen Metzgerei, sagt sie. Außerdem bietet sie hausgemachte Marmeladen und Käse aus dem Allgäu an. Moni Landersdorfer ist mit ihren Erzeugnissen auch auf den Bauernmärkten in Moosen und Freising anzutreffen.

Wie man hinkommt

Auf der Straße von Dorfen nach Erding biegt man in Landersdorf nach Norden ab, fährt bis Unterholzkirchen und dort rechts weiter bis Angerskirchen. Der Bauernhof mit Laden steht rechts an der Straße. Man kommt auch von der B 15 zwischen Taufkirchen und Dorfen nach Angerskirchen.

Monis Hofladen, Angerskirchen 3 1/2, 84416 Taufkirchen. Tel. 08084/7725
Öffnungszeiten: Do u. Fr 14.00–18.00 Uhr und nach Vereinbarung

Hofbrennerei Oberkorb

Ein idyllischer Einödhof mit erstaunlichen Überraschungen im Innern! Der Hausherr Andreas Franzl ist studierter Landwirt und Käser und betreibt auf dem Hof eine Käserei, für die der Rohstoff von den eigenen Milchkühen kommt; den Käse kann man zwischen September und Juni im Hofladen kaufen.
Das Aushängeschild des Hofs stellt jedoch die Brennerei dar, in der seit etlichen Jahren exzellente Brände entstehen.
Für die rund zwanzig verschiedenen Sorten wird nur unbehandeltes Obst aus den umliegenden Streuobstwiesen verwendet. Die Steinobstbrände lagern über mehrere Jahre, bis sie ihren optimalen ausgereiften Geschmack erhalten haben. Neben den klassischen Sorten wie Apfel, Birne oder Quitte verarbeitet Franzl auch eine seltene Wildpflaume.

Franzls Brände gehören zu den besten in Deutschland und haben im In- und Ausland zahlreiche Auszeichnungen erhalten – ziemlich ungewöhnlich für einen einsamen Bauernhof in der oberbayerischen Provinz.

Wie man hinkommt

Von München fährt man am besten über die Autobahn Richtung Passau bis zum Autobahnende und weiter auf der B 12 bis Hohenlinden. Dann nimmt man die Abzweigung links auf die ST 2086 über Isen bis Dorfen. Dort geht es auf der Buchbacher Straße weiter nach Grüntegernbach, wo man links abbiegt und zwei Kilometer Richtung Norden bis zum Abzweig nach Oberkorb fährt. Gleich hinter Unterkorb geht es an einer Kreuzung links zum Hof.

Hofbrennerei Oberkorb, Oberkorb 1, 84405 Dorfen. Tel. 08086/1371
www.hofbrennerei.de
Öffnungszeiten: Verkauf nach Vereinbarung

33 Kratzers Hofspezialitäten

Im beschaulichen Hügelland nordöstlich von München zwischen Dorfen und Taufkirchen liegt dieser Gutshof, auf dessen Wirtschaftsfläche biologisch angebaut und entsprechende Tierhaltung betrieben wird. Hühner, Rinder und Schweine werden mit dem gefüttert, was auf den Feldern wächst. Ob sie deshalb glücklicher sind, ist schwer zu sagen, aber für den Verbraucher ist es ein Argument, hier zu kaufen, denn die Hofmetzgerei bietet erstklassiges Fleisch vom Angusrind, und bei den Schweinen handelt es sich um eine Kreuzung aus Haus- und Wildschwein.

Neben Frischfleisch findet man im Laden ein umfangreiches Angebot an Wurstwaren wie Presssack, Leberwurst, Kaminwurzen, Schinken und Mettwurst. Bekannt ist der Hof auch für seine Destillate, denn in der hauseigenen Brennerei wird das Obst aus den Gärten zu anerkannt guten Bränden und Likören verarbeitet. Man hat die Wahl zwischen den Sorten Apfel, Birne, Pflaume, Holunder oder Vogelbeere, die in verschiedene Flaschengrößen abgefüllt werden. Obst- und Himbeeressig gehören ebenfalls zum Sortiment. An schönen Tagen ist von Frühjahr bis Herbst ein Biergarten geöffnet, in dem Brotzeiten serviert werden.

Der Kratzerhof ist auch auf dem Ismaninger Ökomarkt (Donnerstagnachmittag) sowie auf dem Erdinger Bauernmarkt (Freitagnachmittag) vertreten. Zusätzlich gibt es eine Bestellmöglichkeit im Internet.

Wie man hinkommt

Der Weiler Neuharting liegt abseits der B 15 zwischen Dorfen und Taufkirchen. Man fährt etwa vier Kilometer nördlich von Dorfen nach Osten und folgt der Beschilderung nach Haus und Algasing. Rund drei Kilometer weiter sieht man links den Wegweiser nach Neuharting und zum Hofladen.

Kratzers Hofspezialitäten, Neuharting 3, 84405 Dorfen. Tel. 08081/2166
www.kratzers.de
Öffnungszeiten: Sa 9.00–12.00 Uhr und nach Vereinbarung

Bräu zu Loh

Eigentlich heißt er ja richtig Bräu z'Loh, aber nicht jedes Nordlicht wird sich mit dieser umgangssprachlichen Verkürzung anfreunden können. Der Bräu jedenfalls ist, wie der Name schon andeutet, eine alteingesessene Landbrauerei mit Wirtshaus – eine, die auf große Werbung verzichtet, nur im Umkreis von Dorfen ihr Bier verkauft und nicht leicht zu finden ist.
Doch ein Besuch lohnt sich! Gebraut wird ein klassisch bayerisches Sortiment von hellem und Märzenbier, von Dunklem und Weißbier bis hin zum saisonalen Kirta- und

Bockbier. Zudem sind noch ein Pils im Angebot und ein wirklich köstlicher hochprozentiger Bierlikör. Von außen sieht die Brauerei eher unscheinbar aus, doch dieser Eindruck verschwindet schnell, wenn man die Gasträume betritt. Der Hausherr Nikolaus Lohmeyer ist nämlich ein begeisterter Bierhistoriker und besitzt eine eindrucksvolle Sammlung von alten Bierflaschen und Verschlüssen, die neben dem Probierstüberl aufgereiht sind. Überhaupt handelt es sich bei den Besitzern von Brauerei und Gastwirtschaft um eine interessante Familie, denn auch der bekannte TV-Autor und Schriftsteller Georg Lohmeyer stammt aus diesem Haus.

Wie man hinkommt

Am schnellsten erreicht man den Bräu auf der Straße von Dorfen nach Mühldorf, die von der B 15 abgeht. In Schwindkirchen fährt man vor der Kirche nach links, bis nach etwa einem Kilometer rechts die Straße nach Loh abzweigt.

Bräu zu Loh, Loh 7, 84405 Dorfen. Tel.08082/442
www.braeuzloh.de
Öffnungszeiten: Mo–Fr 8.00–12.00 Uhr, 15.00–17.00 Uhr

35

Ziegenmeierei Oberlohe

Bei der Ziegenmeierei geht es vor allem um Produkte von Ziegen, wie es der Name vermuten lässt. Aber nicht nur, denn der auf einer Anhöhe nordwestlich von Wasserburg gelegene Biobauernhof ist erstaunlich vielseitig.
Hier wird nicht nur Fleisch erzeugt, sondern es gibt auch eine eigene Molkerei sowie eine Bäckerei, und im Café Landlust, das an Sonn- und Feiertagen nachmittags geöffnet ist, kann man hausgemachte Kuchen mit Zutaten aus biologisch kontrolliertem Anbau probieren.
Interessanterweise gehört zum Anwesen noch eine Kleinkunstbühne mit dem Namen Kleegeign, auf der Theater-, Kabarett- und Musikprogramme aufgeführt werden. Im Hofladen Ackerhahn kann man zahlreiche, selbst hergestellte Käse jeder Art aus Ziegen- und Kuhmilch erstehen, dazu ein Naturkostsortiment sowie Frischfleisch von Ziegen, Rind, Kalb und Schwein aus eigener Schlachtung, das es jeweils in Zehn-Kilogramm-Paketen gibt. Es empfiehlt sich, für Fleischeinkäufe die genauen Schlachttermine zu erfragen.

Wie man hinkommt
Man erreicht die Ziegenmeierei über die B 304 zwischen München und Wasserburg. Von Forsting aus fährt man nach Norden bis Albaching und von dort Richtung Brandstätt. Auf dieser Straße sieht man nach etwa eineinhalb Kilometern links auf einer Anhöhe die Ziegenmeierei.

Ziegenmeierei Oberlohe, 82558 Maitenbeth. Tel. 08076/9197; *www.ziegenmeierei.de*
Öffnungszeiten: Hofladen: So 14.30–17.00 Uhr und nach telefonischer Vereinbarung
Café: Sonn- und Feiertage: 13.30–18.00 Uhr

Unertl Weißbier

Fast wie eine Festung thront der kleine Ort Haag über dem flachen Land nördlich von Wasserburg. Eine der Hauptattraktionen der Region ist zweifellos die Weißbierbrauerei Unertl, die zu den bekanntesten ihrer Art in Oberbayern zählt. »Wir machen zwar nur eins, aber das dafür g'scheit«, lautet der Wahlspruch des alteingesessenen Familienbetriebs. Dieser alte Spruch stimmt allerdings nicht mehr, denn auch eine traditionsbewusste Brauerei kann sich nicht ganz dem Trend zu einer gewissen Vielfalt entziehen. Also gibt es beim Unertl inzwischen eine Variante des klassischen Hefeweißbiers mit Bügelverschluss, dazu eine leichte Weiße und für Hartgesottene den Weizenbock. Eine Spezialität des Hauses ist der kraftvolle Ursud ebenfalls in der Bügelflasche sowie der doppelt gebrannte Bierschnaps mit stolzen 42 Prozent Alkohol. Alle Produkte kann man im brauereieigenen Laden kaufen, und zu jedem Bier gibt es ein passendes Glas, auf Wunsch auch in einer Geschenkpackung. Ein besonderer Gag ist das Weißbier in der Drei-Liter-Magnum-Version für den besonders großen Durst. Und wie es sich für eine zünftige Brauerei gehört, steht nebenan gleich das Bräustüberl (Montag Ruhetag).

Wie man hinkommt

Wenn man aus Richtung München über die B 12 oder von Süden von Wasserburg her über die B 15 durch Haag fährt, folgt man bei der Kreuzung der Wasserburger mit der Mühldorfer Straße in östlicher Richtung der Lerchenberger Straße und sieht kurz darauf Gasthaus und Brauerei.

Unertl Weißbier, Lerchenberger Str. 6, 83527 Haag. Tel. 08072/8297
www.unertl.de
Öffnungszeiten: Mo–Fr 8.00–12.00 Uhr, 13.00–18.00 Uhr, Sa 8.00–13.00 Uhr

Bayrische
Weißbier-
Tradition!
UNERT
Der Weißbräu aus Haa
ost!

Klosterbräu Au am Inn

Es ist eine besonders idyllische Landschaft, durch die man von Wasserburg flussabwärts am Inn mit seinen Auwiesen entlangfährt. Ein besonders beliebtes Ausflugsziel in dieser Gegend ist das ehemalige Augustinerchorherrenstift in Au nördlich von Gars, das eindrucksvoll in einer Innschleife liegt. Als das Stift 1803 aufgehoben wurde, kam das Gebäude in den Besitz der Familie Gassner, die sich mit gleicher Hingabe wie die Augustiner und viel Traditionsbewusstsein seither der Braukunst widmet. Wie es in Klöstern der Brauch war, wurde auch in Au schon früh Bier gebraut, nachweislich seit 1635, als Propst Ambrosius dem Kloster eine Brauerei angliederte.

Heute stehen vier Biersorten zur Auswahl: Kloster Au Hell und Dunkel, Klostergold, ein süffiges Festbier, sowie der Ambrosiator, ein ausgesprochen gehaltvoller dunkler Doppelbock, der nach dem Begründer der Brautradition in Au benannt wurde. Abgesehen vom Bier ist ein Besuch des Klosterbräus schon allein wegen der gemütlichen uralten Gaststube oder des schönen Biergartens unter der großen Kastanie lohnend, und selbst an Wochenenden im Hochsommer geht es hier eher friedvoll zu. Man kann das Bier im Bräustüberl kaufen.

Wie man hinkommt

Von München aus fährt man die Autobahn Richtung Passau, am Ende der Ausbaustrecke weiter über die B 12 bis kurz nach Haag und biegt dann rechts in Richtung Gars ab. Von dort folgt man der Straße, die am Ortsrand rechts Richtung Mühldorf abzweigt, entlang des Inns nach Norden, bis rechts ein Weg zum Kloster Au führt.

Klosterbräu Au am Inn, Klosterhof 3, 83546 Au am Inn. Tel. 08073/1209

www.kloster-braeu.de

Öffnungszeiten: Verkauf im Bräustüberl werktags ab 12.00 Uhr, an Sonn- und Feiertagen ab 10.00 Uhr

38 Pollers Früchtegarten

Dieser Betrieb in Eichheim bei Ampfing unweit der Bundesstraße 12 macht seinem Namen alle Ehre. Hier wachsen auf dem über acht Hektar großen Gelände in ökologisch kontrolliertem Anbau Erdbeeren, Himbeeren, Stachelbeeren, Kirschen, Zwetschgen, Birnen und allein sechzehn verschiedene Sorten von Äpfeln. Außerdem werden noch Radi und Frühkraut angebaut. Äpfel und Birnen werden nach der Ernte direkt im Hofladen verkauft, die anderen Früchte wandern zunächst in die Presse und kommen erst als köstliche Säfte oder Marmeladen in den Verkauf.
Auch Honig von eigenen Bienen wird angeboten, dazu verschiedenes Eingelegtes und Kürbiskernöl. Wer sich den Weg zum Hofladen sparen will und in der Umgebung wohnt, findet Pollers Früchtegarten auf den Bauernmärkten in Altötting, Mühldorf und Waldkraiburg.

Wie man hinkommt
Der Weiler Eichheim liegt nur ein kleines Stück südlich von Ampfing. Kommt man über die B 12, biegt man an der Ausfahrt Ampfing/Waldkraiburg ab, fährt durch die Unterführung Richtung Waldkraiburg und folgt kurz danach rechts der Ausschilderung nach Eichheim. Dort findet man den Hof links am Ende der Siedlung.

Pollers Früchtegarten, Eichheim 8, 84539 Ampfing. Tel. 08636/1005
www.pollers-fruechtegarten.de
Öffnungszeiten: Mi 9.00–12.00 Uhr, Fr 13.00–18.00 Uhr, Sa 9.00–12.00 Uhr

Hofbäckerei

Es gibt selbst auf dem Land nicht mehr viele Bäckereien, die nach alter Handwerkstradition Brot und Semmeln backen. Auch rund um Mühldorf dominieren mittlerweile die Filialen der Großbäckereien mit ihren vorgefertigten Massenprodukten. Für den gelernten Bäcker und Landwirt Anton Breiteneicher war das wohl ein Grund, in seinem Vierseithof nördlich von Ampfing, der seit 1645 im Familienbesitz ist, wieder Bauernbrot wie zu Großmutters Zeiten zu backen. An Nachfrage mangelt es nicht, und die Kunden machen sich gern auf den Weg zu dem abgelegenen Hof. Außer Bauernbrot werden noch Roggen-, Dinkel- und Vollkornbrote angeboten sowie Semmeln in verschiedensten Varianten mit Dinkel, Vollkorn oder Müsli. Umfangreich ist auch die Auswahl an süßen Sachen, die ebenfalls nach alten Rezepten gebacken werden. Dazu gehören Rohrnudeln, Golatschen oder Ausgezogene, ferner Nusshörndl, Hefezopf und Krapfen. Außerdem bietet die Hofbäckerei einen Butterkäse an, der aus der Milch von den eigenen Kühen hergestellt und mit verschiedenen Kräutern verfeinert wird. Man kann die Produkte der Hofbäckerei nicht nur im Hofladen kaufen, sondern auch auf den Bauernmärkten in Mühldorf, Waldkraiburg und Burghausen, die an Freitagen oder Samstagen stattfinden.

Wie man hinkommt

Bichling ist ein kleiner Weiler nördlich von Oberbergkirchen. Dazu fährt man von Ampfing nach Norden in Richtung Neumarkt. In Zangberg biegt man links ab nach Oberbergkirchen, dort über die Kreuzung geradeaus und weiter bis Bichling. Die Hofbäckerei befindet sich in dem großen Hof an der Linkskurve.

Hofbäckerei, Bichling 2, 84564 Oberbergkirchen. Tel. 08637/7156

www.hofbaeckerei.com

Öffnungszeiten: Fr 5.30–18.00 Uhr, Sa 5.30–14.00 Uhr

Metzgerei Huber

Das Holzland ist ein echter Geheimtipp. Die hügelige Region nördlich von Mühldorf hat nicht nur landschaftliche Reize mit ihren Wiesen und Wäldern, mit bodenständigen Bauerndörfern und stattlichen Klöstern. Hier versteht man sich auch auf gutes Essen, und so ist es kein Wunder, dass es in dieser Gegend so bemerkenswerte Adressen wie den Huberwirt gibt – ein stattliches Dorfwirtshaus mit einer kleinen, aber feinen Metzgerei. Fast alles wird hier selbst hergestellt, darunter besonders erwähnenswert sind allerlei Würste, speziell Milzwurst, Weißwürste sowie Blut- und Leberwürste, mit denen der Huber immerhin das Nobelrestaurant Tantris in München beliefert. Für die Qualität der Gastronomie spricht, dass der Junior, der heute in der Küche steht, früher im Tantris sowie bei anderen Sterneköchen gearbeitet hat. So heißt es auf der Homepage zu Recht: »Seit 1612 die Heimat des guten Essens und der Gemütlichkeit.«

Wie man hinkommt

Man biegt hinter Mühldorf auf der B 12 nach Erharting ab und dort rechts in Richtung Pleiskirchen, das man nach etwa vier Kilometern erreicht. In der Ortsmitte bei der Kirche sieht man dann gleich auf der linken Seite den Huberwirt. Die Metzgerei befindet sich auf der Rückseite des Anwesens.

Metzgerei Gasthof Huberwirt, Hofmark 3, 84568 Pleiskirchen. Tel. 08635/201
www.huber-wirt.de
Öffnungszeiten: Mo–Fr 7.30–18.00 Uhr, Sa 7.00–12.00 Uhr, Di geschlossen

Brauerei Berger

In Reischach, einem kleinen Dorf an der Straße von Neuötting nach Eggenfelden, ist die Welt der Bierliebhaber noch in Ordnung. Gleich am Ortseingang steht ein schmucker Gasthof mit stilvollen alten Gaststuben und einer kleinen, feinen Brauerei im Hinterhof, in der man das gute Gebräu noch ganz stilecht in originale Bügelflaschen mit schlichten Etiketten abfüllt – so wie es eben früher Brauch war. Der Berger ist eine Rarität in der Region, eine von sechs Privatbrauereien, die im Landkreis Altötting überlebt haben. Das

Bier reift im stattlichen Sudkessel nach alten Familienrezepten und natürlich entsprechend dem bayerischen Reinheitsgebot. Nur drei Sorten werden hier produziert: das kräftige Märzen Spezial mit zwölf Prozent Stammwürze und rund fünfeinhalb Prozent Alkohol, ein helles Vollbier und ein Dunkles. Das Märzenbier kann man sich übrigens in repräsentativen alten Eichenholzfässern abfüllen lassen, in Größen zwischen fünfzehn und zweihundert Litern. Verkauft wird das Bier nur im Landkreis und ist damit ein echt lokales Produkt.

Wie man hinkommt

Um nach Reischach zu kommen, verlässt man die B 12 bei Neuötting, fährt auf der B 588 in nördlicher Richtung und erreicht nach etwa acht Kilometern sein Ziel. Nur wenige Meter hinter dem Ortsanfang sieht man rechts das gelbe Gasthaus.
Die Brauerei befindet sich im rückwärtigen, etwas unterhalb gelegenen Teil des Gebäudes.

Brauerei Berger, Öttinger Str. 3, 84571 Reischach. Tel. 08670/218
Öffnungszeiten: Mo–Fr 8.00–18.00 Uhr, Sa 8.00–16.00 Uhr

42 Konditorei Schmidhuber

Dass die Konditorei im Herzen von Winhöring zu den besonders beliebten Adressen der Region zählt, das hat nicht etwa wie in Mühldorf beim Egger mit internationalen Preisen zu tun, sondern mit ganz schlichten Tatsachen, denn hier gibt es köstliche Kuchen in riesigen Portionen. Ob man sich nun klassische Cremetorten, die wuchtige Sachertorte oder auch nur Marzipanhörnchen oder Nussecken schmecken lassen will – alles kommt beim Schmidhuber im XXL-Format auf den Teller und stellt, zumindest was die Kalorien angeht, eine vollwertige Mahlzeit dar.

Atmosphärisch geht es beim Schmidhuber ziemlich nostalgisch zu, was ja in einer Konditorei grundsätzlich charmant wirkt. Hier ist es besonders stimmig, weil es zur österreichischen Zuckerbäckertradition passt, die hier gepflegt wird. Einer der Schmidhuberschen Konditoren hat schon Schlagzeilen gemacht, als er den Wiener Stephansdom ganz aus Zucker nachbaute – in Miniatur natürlich.

Wie man hinkommt

Winhöring liegt auf der Nordseite des Inns. Dazu fährt man von München aus über die B 12 bis zur Abfahrt Altötting und biegt dort auf die B 299 Richtung Neumarkt-St. Veit ab. Nach etwa zwei Kilometern geht es rechts nach Winhöring. An der Kreuzung in der Ortsmitte hält man sich rechts und erreicht bald auf der linken Seite die Konditorei. Parken ist hier kein Problem.

Konditorei Schmidhuber, Obere Hofmark 11, 84543 Winhöring. Tel. 08671/20302
Öffnungszeiten: Mo–Sa 6.00–19.00 Uhr, So 8.00–19.00 Uhr

Confiserie Egger

Eine repräsentative Fassade sagt nicht immer etwas über gutes Essen aus, denn man kann auch in unscheinbaren Lokalitäten Erfreuliches erleben. Zum Beispiel in Mühldorf, wo man in einem zweckmäßigen, modernen Gebäude einen wahren Meister seines Handwerks vorfindet. Manfred Bacher war nämlich 1997 Weltmeister der Konditoren und tritt regelmäßig bei internationalen Gourmetveranstaltungen auf. In der Confiserie Egger, einen Steinwurf vom Mühldorfer Bahnhof entfernt, kann man die Produkte seines Könnens vor Ort bestaunen und genießen. Gut gefüllte Vitrinen locken mit raffinierten Sahne- und Cremetorten, mit Obstkuchen, Trüffelpralinen und allerhand anderen kalorienreichen Verführern. Vor allem liefert Konditor Bacher Spezialanfertigungen für festliche Anlässe bis hin zur opulenten Hochzeitstorte. Aber man braucht keinen besonderen Anlass, um sich in der Confiserie und dem dazugehörigen Café etwas zu gönnen. Das Angebot ist ausgesprochen appetitanregend – filigrane Zuckerbäckereien für gehobene Ansprüche.

Wie man hinkommt

Wenn man über die B 12 nach Mühldorf kommt, hält man sich Richtung Bahnhof. Nach der Bahnunterführung geht es rechts in die Friedrich-Ebert-Straße. Etwa hundert Meter vor dem Bahnhof befindet sich links die Konditorei in einem modernen Geschäftsgebäude. Parkplätze gibt es vor dem Haus. Mit dem Zug ist Mühldorf von München/Dorfen undf Landshut/Vilsbiburg etwa stündlich zu erreichen.

Confiserie Egger, Friedrich-Ebert-Str. 6–8, 84453 Mühldorf. Tel. 08631/7423
Öffnungszeiten: Mo–So 9.00–18.00 Uhr

Auch wenn der Namensvetter in Haag der bekanntere Weißbierbrauer sein mag, so ist das Bier vom Unertl in Mühldorf nicht minder interessant. Gebraut wird hier seit 1929, und mittlerweile ist die vierte Generation der Familie am Werk. Produziert wird ausschließlich Weißbier, und zwar nach traditioneller und qualitätsbewusster Art mit viel Handarbeit und Wasser aus dem eigenen Brunnen. Für die Qualität des Unertl-Bieres spricht übrigens auch die Tatsache, dass es im Münchner Gourmettempel Tantris und anderen Edellokalen ausgeschenkt wird. Neben dem klassischen Mühldorfer Hefeweißbier und einem leichten Weißbier gibt es noch einige Spezialitäten, insbesondere die Biodinkelweiße, die mit teurem Biodinkelmalz gebraut wird. Besonders würzig ist

die dunkle Gourmetweiße. Und dann gibt es noch die Franz-Xaver-Unertl-Weiße, die an den prominenten Vorfahren erinnert, der sich als Bundestagsabgeordneter der CSU und typisch bayerischer Politiker einen Namen machte. Die verschiedenen Sorten gibt es in der Boutique auf der Rückseite der Brauerei, die den verheißungsvollen Namen trägt: Unertels köstliche Kiste. Hier kann man nicht nur die Brauereierzeugnisse kaufen, sondern auch schöne Präsentkörbe, verschiedene Biergläser und sogar T-Shirts.

Wie man hinkommt

Die Brauerei befindet sich nur wenige Meter vom Mühldorfer Stadtplatz entfernt. Von der B 12 biegt man Richtung Zentrum ab und fährt nördlich des Stadtplatzes rechts in die Weißgerberstraße.

Weißbräu Unertl, Weißgerberstr.7–15, 84453 Mühldorf. Tel.08631/37680
www.brauerei-unertl.de
Öffnungszeiten: Mo 9.00–12.00, Di–Fr 9.00–12.00, 14.00–18.00 Uhr, Sa 9.00–12.00 Uhr

Bräu im Moos

Der Bräu im Moos südlich von Mühldorf am Inn ist nicht nur ein beliebter Ausflugsgasthof, was er vor allem seiner idyllischen und ruhigen Lage im Landschaftsschutzgebiet Mörnbachtal verdankt, sondern auch eine alteingesessene Landbrauerei. Seit 1870 wird hier Bier gebraut. Das Sortiment entspricht der klassischen bayerischen Biertradition.

Wie man hinkommt

Von München fährt man auf der B 12 an Mühldorf vorbei und biegt am Ortsende von Weiding rechts nach Tüßling ab und weiter Richtung Garching entlang der Bahnlinie bis zur beschilderten Abzweigung. Hier geht es links auf einer schmalen und etwas kurvigen Straße zum Bräu im Moos.

Export Hell und Hefeweizen haben in der Vergangenheit zahlreiche Auszeichnungen erhalten. Außerdem werden noch Export Dunkel, Hefeweizen Dunkel, ein Pils und eine leichte Weiße produziert. Zu Weihnachten wird außerdem ein spezielles kräftiges Bier gebraut. Biermixgetränke wie Radler und Russ sowie Limonaden und Fruchtsäfte runden das Sortiment ab. Natürlich wird ein Lieferservice angeboten, aber schöner ist es, das Bier direkt in der Brauerei abzuholen und diesen Weg mit einer Einkehr im Gasthof zu verbinden. Im Sommer locken ein großer schattiger Biergarten und ein angrenzendes Rotwildgehege. Im Haus gibt es ein Brauereimuseum, das bei freiem Eintritt täglich geöffnet ist. Gegen Voranmeldung werden auch Brauereiführungen angeboten.

Bräu im Moos, Bräu im Moos 1, 84577 Tüßling. Tel. 08633/1041
www.braeuimmoos.de
Öffnungszeiten: Mo–Do 7.00–16.00 Uhr, Fr 7.00–12.00 Uhr

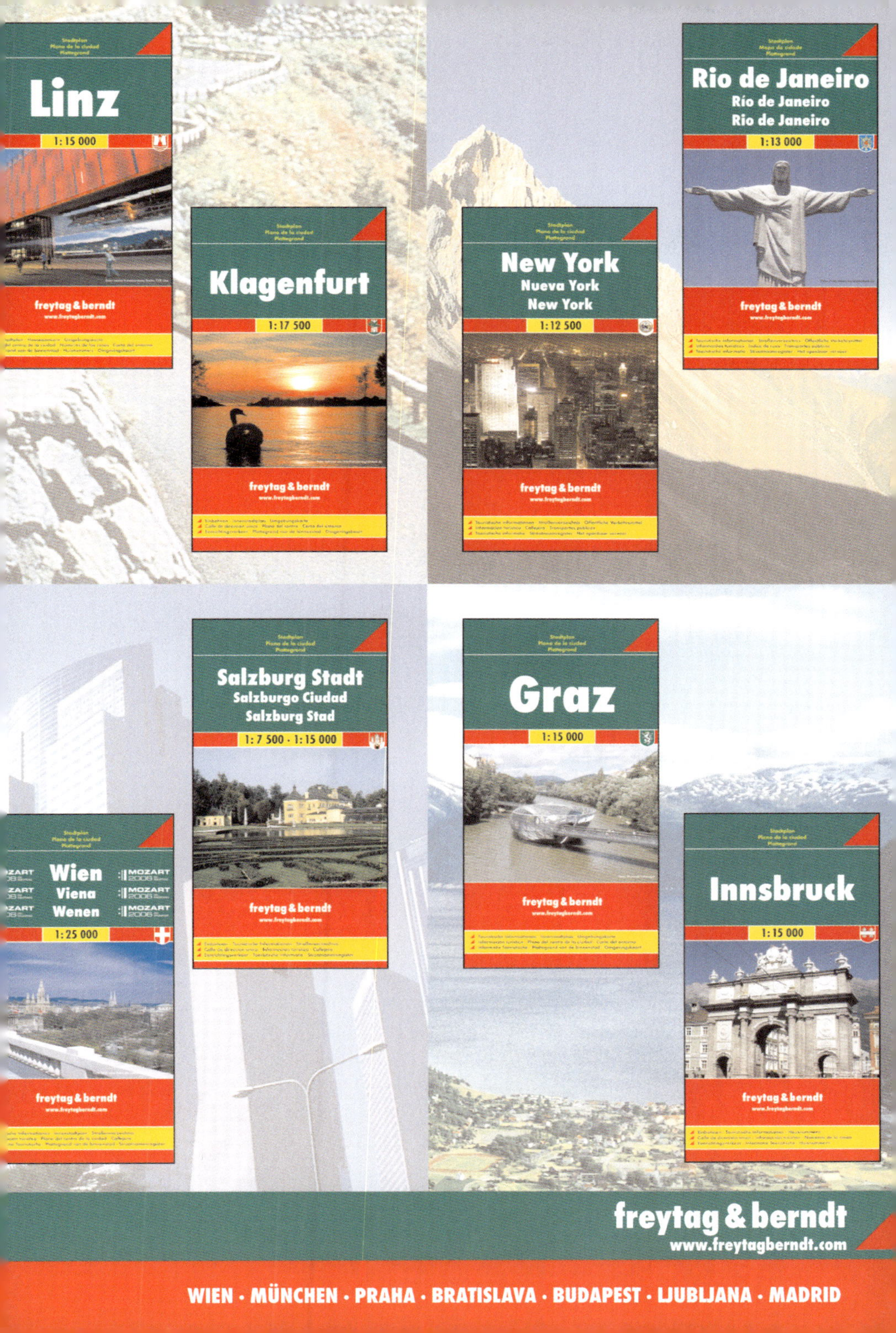
Linz
1:15 000
freytag & berndt
Klagenfurt
1:17 500
freytag & berndt
New York
Nueva York
New York
1:12 500
freytag & berndt
Rio de Janeiro
Río de Janeiro
Rio de Janeiro
1:13 000
freytag & berndt
Salzburg Stadt
Salzburgo Ciudad
Salzburg Stad
1:7 500 · 1:15 000
freytag & berndt
Graz
1:15 000
freytag & berndt
Wien
Viena
Wenen
1:25 000
freytag & berndt
Innsbruck
1:15 000
freytag & berndt
freytag & berndt
www.freytagberndt.com
WIEN · MÜNCHEN · PRAHA · BRATISLAVA · BUDAPEST · LJUBLJANA · MADRID

Der Südwesten

Oberland, Pfaffenwinkel und Werdenfelser Land

Metzgerei Limm

Als Gasthaus hat der Limm im Starnberger Voralpenland einen ausgezeichneten Ruf, was er seiner Kombination aus klassischer und gehobener Küche verdankt. Daran nicht ganz unschuldig ist der Junior Sebastian Limm, der neben seiner Metzgerausbildung noch Koch lernte und im Münchner Drei-Sterne-Restaurant Tantris ein Praktikum absolvierte. Das Gasthaus befindet sich seit 1908 in Familienbesitz, doch die Metzgerei kam erst hinzu, als einer der Söhne des ersten Besitzers sich für dieses Handwerk begeisterte. Die Kombination von Metzgerei und Wirtshaus, die früher auf dem Land sehr verbreitet war, wurde beim Limm bis heute durchgehalten. Klassisch bodenständig ist das Angebot an Fleisch- und Wurstwaren in dem unlängst renovierten Geschäft, wobei nur im eigenen Betrieb geschlachtetes Vieh von Bauern aus der Region verarbeitet wird. Besonders beliebt sind die Weißwürste und der Leberkäse. Ein solch solider und auf Qualität bedachter Traditionsbetrieb ist heute nicht mehr oft zu finden. Aber beim Limm ist das Konzept aufgegangen, weil sich hier Tradition mit Innovation harmonisch verbindet.

Wie man hinkommt

Münsing liegt östlich des Starnberger Sees nur wenige Kilometer von der Autobahn München–Garmisch entfernt. Von der Ausfahrt Wolfratshausen sind es zwei Kilometer in westlicher Richtung bis Münsing. Das Gasthaus mit dem Metzgerladen steht direkt an der Hauptstraße in einer Rechtskurve.

Metzgerei Gasthaus Limm, Hauptstr. 29, 82541 Münsing. Tel. 08177/411
www.gasthauslimm.de
Öffnungszeiten: Mo–Fr 7.30–12.00 Uhr, 14.30–18.00 Uhr, Sa 7.30–12.00 Uhr

Für einen Biobauernhof ist der Packlhof in dem kleinen Dorf Oberherrenhausen im Hügelland südöstlich des Starnberger Sees nicht schlecht sortiert. Wer hier im Hofladen seine Einkäufe erledigt, der kann fast alle Essenswünsche und allen Haushaltsbedarf abdecken. Bekannt sind vor allem die Fleisch- und Wurstwaren, die ohne Pökelsalz, Phosphat und Antioxidationsmittel hergestellt werden – alles aus eigener Produktion und nach den Grundsätzen des Bioland-Verbandes. Die Tiere kommen entweder aus dem eigenen Stall oder aus Biobetrieben der Umgebung. Außerdem gibt es im Laden Gemüse, Milchprodukte, Säfte und Wein sowie Kosmetikartikel, Putzmittel und Hygieneartikel. Biolebensmittel haben auf dem Packlhof bereits eine relativ lange Tradition, denn als man 1984 begann, nach ökologischen Prinzipien zu wirtschaften, war man fast noch ein Prediger in der Wüste. Heute besitzt der Packlhof die größte Bioland-Metzgerei in Bayern.

Wie man hinkommt

Der Weiler Oberherrenhausen liegt südwestlich von Eurasburg. Man fährt auf der Autobahn München–Garmisch bis zur Ausfahrt Wolfratshausen, über die B 11 Richtung Geretsried und dann rechts über die ST 2370 nach Eurasburg. Dort biegt man links auf die Unterherrenhauser Straße ab und fährt vor Unterherrenhausen rechts nach Oberherrenhausen. Auf der Dorfstraße kommt man direkt zum Packlhof.

Packlhof, Oberherrenhausen 5, 82547 Eurasburg. Tel. 08179/8822
www.packlhof.de
Öffnungszeiten: Di u. Fr 9.00–12.00 Uhr, 15.00–18.30 Uhr, Sa 9.00–11.30 Uhr

Hofladen zum Bertenbauer

Der nostalgische alte Bauernhof direkt an der Münchner Straße in Dietramszell ist nicht nur eine Augenweide für stadtmüde Besucher, sondern er wartet in seinen Innenräumen mit einigen Überraschungen auf, denn hinter der mit dunklem Holz verkleideten Fassade verbirgt sich ein gut sortierter kleiner Feinkostladen. Vorne steht die Kühltheke mit Fleisch und Wurstwaren, während in zwei Nebenräumen eine Auswahl an Nudeln und Südtiroler Weinen angeboten wird. Das ist kein Zufall, denn die Bäuerin stammt aus Südtirol und ist in kulinarischer Hinsicht ihrer Heimat treu geblieben. So finden sich, je nach Saison, auch andere Produkte des Landes wie Kastanien, Speck oder Schüttelbrot. Eindeutig bayerischer Herkunft ist dagegen die absolute Spezialität des Hauses, nämlich der Eierlikör, hergestellt aus den Eiern von Dietramszeller Hühnern. Im Angebot des Bertenbauern sind ferner Käse von der Käserei Obermoos bei Irschenberg und Emmentaler aus dem Allgäu. Das Fleisch liefert die Verwandtschaft aus der Umgebung, das Bauernbrot backt die Nachbarin. Groß ist auch die Auswahl an hausgemachten Marmeladen von Maria Gröbmaier aus Weyarn, die mit Kreationen wie Rhabarber mit Banane, Aprikose mit Kiwi oder Brombeere mit Banane einen Hauch von Exotik auf den Bauernhof zaubert.

Wie man hinkommt

Wenn man von München aus auf der Landstraße über Oberhaching und Oberbiberg nach Dietramszell fährt, sieht man am Ortsanfang rechts den Hof und das Hinweisschild auf den Verkauf. Von Holzkirchen der Ausschilderung nach Dietramszell folgend, fährt man an der Kreuzung beim Gasthof rechts in die Münchner Straße und erreicht nach etwa einem Kilometer den Hof auf der linken Straßenseite.

Hofladen zum Bertenbauer, Münchner Str. 43, 83623 Dietramszell. Tel. 08027/7734
www.bertenbauer.de
Öffnungszeiten: Mo 8.00–12.00 Uhr, Di–Sa 8.00–12.00 Uhr, 13.00–18.30 Uhr

Hofladen zum Bertenbauer

Brauerei Kloster Reutberg

Als im frühen 17. Jahrhundert das Kloster auf dem herrlich gelegenen Hügel in der Moorlandschaft nördlich von Bad Tölz gegründet wurde, da dachte noch niemand ans Bierbrauen. Doch die Nonnen waren offensichtlich dem Bier nicht abgeneigt, und so erhielten sie bald einen Franziskaner zur Seite gestellt, der sich auf die Braukunst verstand. Heute ist die Klosterbrauerei in weltlichen Händen und stellt ein Kuriosum dar, denn sie ist im Besitz einer Genossenschaft von wenigstens viertausend Mitgliedern, deren Tantiemen alljährlich in Bier und Schweinsbraten ausbezahlt werden. In der Brauerei wird noch ganz traditionell und ohne jede Computertechnik gearbeitet, und so sieht es in den Räumen auch eher ländlich rustikal aus. Das Bierangebot besteht aus Export Hell und Dunkel, Kloster Weiße und Kloster Märzen sowie den Vorzeigesorten heller Bock und Josefi-Bock mit fast sieben Prozent Alkohol und siebzehn Prozent Stammwürze. Eigentlich kennt man das Reutberger Bier nur in der Umgebung, doch wurde es sogar auf einer Landwirtschaftsmesse in der Toskana präsentiert. Der Klosterhügel samt Brauerei ist übrigens sommers wie winters ein beliebtes Ausflugsziel.

Wie man hinkommt

Man verlässt bei Holzkirchen die Autobahn München–Salzburg und fährt durch den Ort Richtung Bad Tölz. Hinter Großhartpenning biegt man rechts zum Kirchsee und nach Reutberg ab.

Kloster Reutberg, Am Reutberg 3, 83679 Sachsenkam. Tel. 08021/258
www.klosterbrauerei-reutberg.de
Öffnungszeiten: Mo–Do 8.00–12.00 Uhr, 13.00–16.00 Uhr, Fr 8.00–12.00 Uhr

Ein richtiger Bauernhof mit allem, was dazugehört, ist dieses Anwesen der Familie Seidl im Voralpenland südlich von Geretsried. Es gibt Kühe und Schweine, und man sieht Enten, Gänse und Puten herumlaufen. In dem kleinen Hofladen wird alles angeboten, was auf dem Hof hergestellt wird, und das ist nicht gerade wenig. Trotz des ausgesprochen vielseitigen Angebots ist alles wirklich aus eigener Produktion, wie die Bäuerin mit Nachdruck betont. Nichts wird zugekauft. Die Tiere werden auf dem Hof geschlachtet und verarbeitet. Eine Spezialität sind die Hausmacherwürste und das Geräucherte; auch Käse und Honig werden selbst hergestellt, und Obst und Gemüse stammen aus dem eigenen Garten. Die Sorten – Sonne, Dinkel, Nuss, Zwiebel sowie Weißbrot und klassisches Bauernbrot – werden im Holzofen gebacken. Schmalznudeln, Gebäck und Kuchen warten ebenfalls auf Kunden. Alles in allem also ein kompletter Hofladen. Ach ja, der Schnaps ist eine Ausnahme, was die Eigenproduktion angeht – der wird nämlich von den Nachbarbauern gebrannt, aber das ist ja fast wie hausgemacht.

Wie man hinkommt

Man fährt von Geretsried auf der B 11 nach Süden durch Königsdorf bis nach Schönrain. Etwa einen Kilometer hinter dem Ort liegt links der Straße der Weiler Brandl, wo schon ein Hinweisschild zu sehen ist.

Thomahof, Brandl 3, 82549 Schönrain-Königsdorf. Tel. 08046/232
Öffnungszeiten: Fr 13.00–19.00 Uhr, Sa 9.00–16.00 Uhr

Forellenzucht Sappl

Quellwasser sei die ideale Umgebung für die Fischzucht, sagen zumindest Spitzenköche. Und die müssen es wissen. Beim Sappl am Mühlberg wachsen Forellen und Bachsaiblinge ausschließlich in Quellwasser heran, das Trinkwasserqualität besitzt. Die Teiche liegen unterhalb eines stattlichen Bauernhofs nördlich von Bad Tölz, und darin tummeln sich nicht nur Forellen und Saiblinge, sondern neuerdings in einem Versuchsprojekt auch Störe und Krebse.

Wie man hinkommt

Der stattliche Bauernhof aus dem Jahr 1876 liegt rund zwei Kilometer nördlich von Bad Tölz an der Straße nach Holzkirchen. Von der Bundesstraße folgt man der Ausschilderung auf einen schmalen Feldweg und fährt direkt zum Hof, der in Panoramalage auf einem Hügel thront.

Oben im Hof gibt es einen kleinen Verkaufsladen, in dem man die Fische entweder frisch gefangen oder geräuchert erwerben kann. Die Kundschaft besteht zum einen aus Gastronomiebetrieben der Region, aber auch viele Privatleute kommen hierher. Eine Spezialität sind die Lachsforellen, die vor Weihnachten zu Graved Lachs verarbeitet werden. Daneben bietet die Familie Sappl auch Wild an, das zum Teil sogar aus der eigenen Jagd stammt, während Hirsch- und Gamsfleisch von einer Jagd bei Vorderriß geliefert werden.

Forellenzucht Sappl, Am Mühlberg 1, 83646 Bad Tölz. Tel. 08041/8197
Öffnungszeiten: Mo, Mi–Sa 9.00–18.00 Uhr, Di geschlossen

Dass man auf einem Bauernhof Milch, Butter, Käse oder auch Speck kaufen kann, ist an und für sich nicht ungewöhnlich. An Speiseeis denkt man in Verbindung mit einem Bauernhof dagegen eher nicht. Aber auf manchen Höfen ist man genau auf diese Idee gekommen, um sich vom wenig ertragreichen Milchgeschäft unabhängiger zu machen. Beim Beindlhof-Bauern unweit von Bad Tölz funktioniert das offensichtlich bestens. Innerhalb weniger Monate hat sich die junge Bäuerin Monika Kniegl einen Ruf als echte Gelatiera erworben, und so gibt es auf dem abseits gelegenen Hof nun einen Verkaufsladen mit einer Kühlvitrine, in der die eisigen Köstlichkeiten angeboten werden. Und es sind wahrlich köstliche Kreationen, die Monika Kniegl da zaubert. Natürlich stellt sie auch klassisches Milcheis mit Früchten, Schokolade oder Vanille her, aber die größere Attraktion dürften so interessante Kombinationen sein wie Kürbiskerneis, Baileys mit Zimtsahne oder Eis-Guglhupf. Ob klassisch oder extravagant – das Eis schmeckt besonders gut, weil es mit besonders gehaltvoller, schmackhafter Milch und Sahne hergestellt wird, die alle beide die Bionormen erfüllen. Auch mit den Früchten im Eis, die vom Hof oder aus der Umgebung stammen, geizt die junge Eismacherin nicht. Kein Wunder, dass mittlerweile viele Leute einen Umweg machen, um sich mit dem Eis einzudecken, das man in 100-ml-, 500-ml- und 750-ml-Packungen kaufen kann. Auch an den Wochenenden muss man nicht auf den Eisgenuss vom Beindlhof verzichten, selbst wenn man vergessen hat, sich rechtzeitig einzudecken – sonntags lässt Monika Kniegl den Raum mit der Kühltruhe zur Selbstbedienung offen.

Wie man hinkommt

Man fährt auf die alte Straße von Bad Tölz nach Lenggries, die westlich der Isar verläuft. In Arzbach biegt man vor dem Gasthof Kramerwirt in Richtung Lain ab. Nach einem Kilometer sieht man rechts den einsam gelegenen Beindlhof.

Beindlhof, Untermberg 6, Wackersberg. Tel. 08041/7932859
Öffnungszeiten: werktags ganztägig

53 Bäckerei Eberl

Bichl

Der »Bäck vo Biche« ist in dem kleinen Ort nördlich von Benediktbeuern eine Institution. Die Bäckerei geht auf das 17. Jahrhundert zurück und wird mittlerweile in der zehnten Generation von der Familie Eberl betrieben. Was hier gebacken wird, das kommt direkt aus der Backstube in den Laden und wird ohne Konservierungsstoffe und künstliche Bräunungsmittel produziert. Zum Einsatz kommt reiner, selbst gezüchteter Natursauerteig, der mit Meersalz ergänzt wird. Industrielle Teiglinge, wie sie heutzutage leider in vielen Bäckereien verwendet werden, gibt es beim Eberl nicht.

Wie man hinkommt
Kommt man von Norden aus Richtung Geretsried, erreicht man Bichl auf der B 11. Von Bad Tölz aus nimmt man die B 472 in Richtung Kochel. Fährt man in das Dorf, sieht man an der Hauptstraße bald auf der rechten Seite die Bäckerei.

Das vielfältige Angebot in den Regalen reicht vom klassischen Bauernbrot über Dinkelbrote bis zu Kartoffel- und Roggenbroten, dazu Semmeln, Laiberl und Kornspitz. Eine besondere Spezialität sind die wuchtigen Vier-Kilo-Laibe des Natursauers. Da sich selbst eine traditionsbewusste Bäckerei wie der Eberl nicht ganz dem Zeitgeschmack entziehen kann, gibt es natürlich auch italienisches Ciabatta, das heutzutage fast ein Muss ist.
In der süßen Abteilung stehen hausgemachte Torten und Kuchen zur Wahl. Eine Besonderheit ist der Apfelschnitz, ein überdimensionaler Obstkuchen.

Bäckerei Eberl, Kocheler Str. 10, 83673 Bichl. Tel. 08857/8107
www.baeckerei-eberl.de
Öffnungszeiten: Mo–Fr 6.00–18.00 Uhr, Sa 6.00–12.00 Uhr

54 Kräutergarten Benediktbeuern

Das einstige Benediktinerkloster ist heute nicht nur eine der bedeutendsten Sehenswürdigkeiten in der Region, sondern auch eine bemerkenswerte Stätte mit vielfältigen Angeboten. In der zum Orden der Salesianer gehörenden Anlage gibt es einen sorgfältig gepflegten Kräutergarten, der Teil des Zentrums für Umwelt und Kultur ist. Im ehemaligen Meierhof des Klosters kann man sich über die Artenvielfalt der Natur informieren und sich ganz nebenbei mit weltlichen Genüssen versorgen lassen. In dem kleinen Bistro mit Ladenverkauf neben dem Museum findet man eine interessante Auswahl an Speisen und Getränken. In einer Ecke gibt es verschiedene Brote wie Bauernbrot aus dem Holzofen oder Wildkräuter-Walnuss-Brot sowie mehrere hausgemachte Kuchen. Daneben findet man verschiedene Wurst- und Käsesorten, dazu eine Auswahl an Marmeladen mit interessanten Geschmacksnoten wie Rose, Malve oder Spitzwegerich. Außerdem sind noch verschiedene Kräuterliköre im Angebot. Besonders im Sommer locken die Bänke am Kräutergarten.

Wie man hinkommt

Zur Klosteranlage fährt man am besten über die Autobahn München–Garmisch bis zur Ausfahrt Sindelsdorf, dann über Bichl bis Benediktbeuern. Dort biegt man rechts in die Bahnhofstraße ein, überquert die Bahngeleise und kommt direkt zum großen Parkplatz. Jetzt orientiert man sich an dem Wegweiser zum Kräutergarten. – Benediktbeuern ist von München/Starnberg/Tutzing aus etwa stündlich mit dem Zug erreichbar.

Kräutergarten Benediktbeuern, Don Bosco-Str. 1, 83671 Benediktbeuern. Tel. 08857/88777
Öffnungszeiten: täglich 10.00–19.00 Uhr, Montag Ruhetag

55

Brauerei Karg

Murnau

Obwohl Weißbier in den letzten Jahren ziemlich in Mode gekommen ist, sind die reinen Weißbierbrauereien in der bayerischen Provinz eine Rarität. Allzu viele sind dem großen Brauereisterben und dem Verdrängungswettbewerb der Bierkonzerne zum Opfer gefallen. Eine der Überlebenden im

Wie man hinkommt
Auf der Autobahn München–Garmisch fährt man bis zur Ausfahrt Murnau und kommt nach wenigen Minuten ins Zentrum, wo sich am Untermarkt Brauerei samt Bräustüberl befinden. Zwischen Rathaus und Vereinsbank geht es rechts ab. – Murnau hat etwa stündlich Zugverbindungen mit München, Weilheim und Garmisch.

Süden von Oberbayern ist die Brauerei Karg in Murnau. Hier hat man sich seit 1912 ganz dem Weißbier verschrieben und braut bis heute nur drei Sorten: das unfiltrierte helle Weißbier, das leicht süß und nach Malz

schmeckende dunkle Weißbier und natürlich noch einen Weizenbock für die kalte Jahreszeit. Für das Murnauer Weißbier spricht nicht nur, dass es in der Heimatregion sehr geschätzt und dort in vielen Gaststätten und Restaurants ausgeschenkt wird. Es hat auch bayernweit und selbst hoch im Norden, wo eigentlich ganz andere Sorten zu Hause sind, viele Liebhaber gefunden, wie die Verkaufslisten der Brauerei belegen.

Brauerei Karg, Untermarkt 27, 82418 Murnau. Tel. 08841/1268
www.brauerei-karg.de
Öffnungszeiten: Mo–Fr 7.00–12.00 Uhr, 13.00–17.30 Uhr, Sa 7.00–12.00 Uhr

Schaukäserei Ammergauer Alpen

Auch wenn Ettal in kulinarischer Hinsicht mehr für Bier und Likör bekannt ist, gibt es hier noch andere Spezialitäten. In nächster Nachbarschaft zum berühmten Kloster steht die Schaukäserei, zu der sich an die vierzig Bauern aus der Umgebung von Ettal, Oberammergau und Bad Kohlgrub zusammengeschlossen haben. Auch die Benediktinermönche des Klosters sind beteiligt, nicht zuletzt weil sie das Grundstück zur Verfügung gestellt haben. Die Milch kommt von den Genossenschaftsmitgliedern und wird nach selbst aufgestellten Qualitätskriterien verarbeitet. Das Ergebnis sind ein halbfester Schnittkäse, ein spezieller Klosterkäse und ein würziger Bergkäse. Daneben werden noch Milch, Rahm, Quark, Butter und Joghurt angeboten. Im eigenen Brotzeitstüberl kann man den Ammergauer Käse gleich vor Ort probieren und nebenbei einen Blick auf die Käseherstellung werfen. Vertrieben werden die Produkte nicht nur im eigenen Laden, sondern auch in zahlreichen Supermärkten, Bäckereien und Metzgereien der Umgebung. Ein Einkauf hier lässt sich mit einem Besuch des Klosters oder auch von Schloss Linderhof verbinden.

Wie man hinkommt

Am Ende der Autobahn München–Garmisch fährt man bis Oberau weiter und biegt dort rechts ab auf die B 23, die sich ein ganzes Stück in die Höhe windet, bis man Ettal vor sich sieht. Vor dem Kloster geht es rechts in den Mandlweg und zur Käserei.

Schaukäserei Ammergauer Alpen, Mandlweg 1, 82488 Ettal. Tel. 08822/923926
www.milch-und-kas.de
Öffnungszeiten: Di–Sa 10.00–18.00 Uhr, So 12.00–17.00 Uhr

57 Brauerei Kloster Ettal

Seit dem 16. Jahrhundert wird bei den Benediktinermönchen in Ettal unweit von Oberammergau Bier gebraut. Ob sich deren Motto »dem Himmel so nah« auf die Gebirgslage oder auf die geistliche Standortbestimmung bezieht, mag jeder für sich selbst herausfinden. Jedenfalls sind Kloster Edelhell, Kloster Dunkel, das helle und dunkle Weißbier sowie das Pils und der Curator Doppelbock überaus beliebte und mehrfach prämierte Biere.

Eine ähnliche Tradition haben die Produkte der Klosterbrennerei. Die Liköre gibt es in verschiedenen Versionen als grünen oder gelben Likör, als Heidelbeerlikör, Klostergeist oder Magenbitter. Auf der Tradition, Heilkräuter zu verarbeiten, baut auch die Produktion von Kosmetika und Pflegemitteln auf. Bonus Odor, der gute Duft, heißen die Wässerchen aus dem Ettaler Kloster. Sie basieren auf Arnika- und Latschenkiefertinkturen.

Man kann die Produkte aus Ettal übrigens nicht nur im Klosterladen kaufen, sondern auch ganz zeitgemäß über einen Onlineshop ordern. Weltoffen waren die Benediktiner ja schon immer!

Wie man hinkommt

Die Fahrt nach Ettal führt zunächst auf der Garmischer Autobahn bis zum Autobahnende. In Oberau biegt man rechts ab auf die B 23, fährt bergauf Richtung Oberammergau und erreicht bald Ettal mit der mächtigen Klosteranlage.

Ettaler Klosterbetriebe, Kaiser-Ludwig-Platz 1, 82488 Ettal. Tel. 08822/74413
www.kloster-ettal.de
Öffnungszeiten: täglich 9.00–17.30 Uhr

Goas-Alm

Eine kleine Kuriosität ist die Goas-Alm schon, die nördlich von Mittenwald in den idyllischen Buckelwiesen liegt. Wie der Name schon andeutet, dreht sich hier vieles, wenn nicht alles um Ziegen. Von deren Milch wird auf der Alm, die eigentlich ein Bauernhof mit kleiner Gastronomie und Hofladen ist, vor allem Käse produziert. Zur Wahl stehen sechs verschiedene Sorten: Schnittkäse, Naturkäse, Kräuterkäse, Kümmel- und Bärlauchkäse, eine Art Ziegenmozzarella und Frischkäse. Besonders stolz sind die Bauersleute aber auf ihr Eis aus Ziegenmilch, das es auch in recht ungewöhnlichen Geschmacksvarianten wie Bier-Eis und Gurkensorbet gibt. Den Besuchern der Alm scheinen die

exotischen Schleckereien zu gefallen, vielleicht liegt das an der schönen Aussicht und der guten Luft. Etwas zurückhaltender ist, so hört man, die Gastronomie des Werdenfelser Landes, die sich mit solch experimentellen Kreationen nicht recht anfreunden will. Für konventionelle Geschmäcker unter den Almbesuchern gibt es im Laden Bioprodukte der Marke »Unser Land«, darunter Honig und Senf sowie Käse aus der Ettaler Käserei.

Wie man hinkommt

Die Goas-Alm liegt etwas abseits nördlich des Ortes. Von Mittenwald aus fährt man auf der Partenkirchener Straße auf Höhe der Kasernen links Richtung Klais und biegt nach dem Schmalensee rechts ab. Nach der Bahnunterführung führt eine schmale Straße direkt zur Alm.

Goas-Alm, Buckelwiesen 5, 82481 Mittenwald. Tel. 08823/2573
Öffnungszeiten: täglich außer Dienstag 10.30–17.00 Uhr

Eine Alm ist dieses Haus schon längst nicht mehr, sondern ein stattlicher Gasthof und ein beliebtes Ausflugsziel dazu. Das liegt nicht zuletzt an der großartigen Panoramalage oberhalb Mittenwalds, von wo aus man einen herrlichen Blick auf die Karwendelspitze hat. Regelrecht unscheinbar kommt dagegen auf den ersten Blick die spezielle Attraktion des Hauses daher, die Schnapsbrennerei im Rückgebäude, in der seit gut fünfundzwanzig Jahren Brände und Liköre produziert werden. Das Obst stammt vorwiegend aus der Wachau, der Steiermark und vom Bodensee und wird hier zu Edelbränden wie Williamsbirne, Marille, Kirsche, Zwetschge sowie zu selteneren Sorten wie Gravensteiner oder Traubenbrand verarbeitet. Eine Besonderheit sind auch die Kräuterbrände wie zum Beispiel der Wurzenbrand. Die Schnapsbrennerei liefert außerdem interessante Nebenprodukte – für die Herstellung der hausgemachten Marmeladen sowie für diverse Kräutertinkturen verwendet man den so genannten Vorlauf während des Brennvorgangs. Zu kaufen gibt es alle Produkte in einem kleinen Laden direkt neben der Brennerei beim rückwärtigen Eingang des Gasthofs.

Wie man hinkommt

Vom Zentrum Mittenwalds fährt man auf der Goethestraße Richtung Kurpark und biegt kurz davor scharf rechts in den Gröblweg ein, der einen guten Kilometer stetig bergauf führt, bis man rechts oberhalb der Straße den stattlichen Gasthof sieht. Zu Fuß braucht man etwa eine halbe Stunde.

Gröblalm, 82481 Mittenwald. Tel. 08823/9110
www.groeblalm.de
Öffnungszeiten (Hofladen): täglich 12.00–17.00 Uhr, sowie nach Vereinbarung

60

Metzgerei Linderer

Bayrischzell

Die kleine Metzgerei mitten in Bayrischzell pflegt noch gute alte Traditionen. Fast alles wird im Haus geschlachtet und produziert. Metzgermeister Albert bezieht das Vieh zumeist von den Bauern aus der Region – so kommen die Weideochsen vom Siglhof oberhalb von Bayrischzell. Spezialitäten sind Weißwürste, Leberkäse, Knoblauchringerl, Pfefferbeißer und Kaminwurzen. Dazu werden Bauerngeselchtes und verschiedene Schinkensorten hergestellt, die nach den umliegenden Berggipfeln benannt sind. Zahlreiche Käsesorten und hausgeräucherte Forellen runden das Angebot ab. Man kann sich die Ware auch vakuumverpacken lassen, damit sie zu Hause länger haltbar ist. Schließlich gibt es noch ein Sortiment an Brotzeiten und warmen Speisen sowie eine Auswahl an frischen Salaten. Dazu passt auch, dass im Sommer vor dem Laden Tische und Stühle aufgestellt werden, was die Touristen und Ausflügler dankend annehmen und genüsslich den vorzüglichen Leberkäse oder die resche Schweinshaxen genießen.

Wie man hinkommt

Man verlässt die Autobahn München–Salzburg bei Weyarn und fährt über Miesbach und Schliersee bis Bayrischzell. Am Ortsanfang geht es links Richtung Zentrum, wo man rechts die Metzgerei findet. – Bayrischzell hat etwa stündlich Zugverbindungen mit München/Miesbach/Schliersee.

Metzgerei Linderer, Schlierseer Str. 7, 83735 Bayrischzell. Tel. 08023/714
Öffnungszeiten: Di–Fr 7.30–18.00 Uhr, Mo u. Sa 7.30–12.30 Uhr

In diesem Betrieb legt man noch Wert auf traditionelles Handwerk, und man ist besonders stolz darauf, dass der Käse hier aus naturbelassener Rohmilch ohne chemische Zusätze hergestellt wird. Das Angebot an Spezialitäten ist in der Tat beträchtlich – es gibt Almkäse, Bergkäse, Bauernkäse oder so genannten Brotzeitkäse, dazu Schafs- und Ziegenkäse in verschiedenen Varianten, Pfefferkäse, Paprikakäse und Fonduekäse. Umfangreich ist auch das Angebot an Weichkäsen wie Brie, Limburger oder Tortenkäse. Aus eigener Herstellung sind auch Fassbutter und Buttermilch. Wer vom Käse genug hat, kann sich an Fleischliches halten wie Hirschwurst, Wildsalami, Gamsbeißer und Landjäger, und wenn man sich gleich vor Ort von der Qualität der verschiedenen Produkte überzeugen will, sollte man sich im kleinen Brotzeitstüberl niederlassen. Jeweils donnerstags wird ein Schaukäsen angeboten, bei dem man erleben kann, wie aus flüssiger Milch fester Käse wird.

Wie man hinkommt

Zunächst fährt man über Tegernsee oder Bad Wiessee zum südlichen Ende des Tegernsees bei Rottach-Egern und folgt der Straße Richtung Kreuth. Dort sieht man gleich am Ortsanfang gegenüber dem Hotel Post links die Käse-Alm.

Käse-Alm, Nördliche Hauptstr. 6, 83708 Kreuth

www.kaesealm-kreuth.de

Öffnungszeiten: Mo–Fr 9.00–12.30, 14.00–18.00 Uhr, Sa 9.00–12.00 Uhr

Treue und zufriedene Kunden sind gewöhnlich die beste Werbung – genauso verhält es sich im Fall dieser Alpenvereinshütte am Spitzing. Dabei ist die Bezeichnung Hütte etwas irreführend, denn im Grunde genommen handelt es sich um einen gestandenen Berggasthof, der Richtung Valepper Almen liegt und bequem zu Fuß zu erreichen ist. Neben den üblichen Brotzeiten und Speisen werden hier bemerkenswerte Eigenproduktionen angeboten. Die aus dem Vogtland stammenden Wirtsleute verstehen sich auf das Bäckerhandwerk und stellen ihr eigenes Holzofenbrot her, das mittlerweile viele Liebhaber gefunden hat, darunter das renommierte Arabella Sheraton Hotel am Ufer des Spitzingsees. Dazu gibt es noch geräucherten Käse, Speck und Salami aus dem eigenen Räucherhaus. So viel Engagement zahlt sich aus, denn die Übernachtungszahlen auf der Hütte haben sich seitdem verdoppelt. Um die leckeren Sachen für zu Hause zu erstehen, reicht schon ein gemütlicher Spaziergang zur Hütte, wo man unbedingt auch einkehren sollte. Die Spitzingregion ist ein ideales Wandergebiet, und im Winter gibt es hier schöne und schneesichere Loipen.

Wie man hinkommt
Zunächst fährt man über Hausham und Schliersee hinauf zum Spitzingsattel und weiter zum südlichen Seeufer. Dann heißt es einen Parkplatz suchen, denn die Straße zur Hütte ist für den normalen Autoverkehr gesperrt. Man geht auf der Valepper Straße in zehn bis fünfzehn Minuten bis zur Hütte, die rechts auf einer kleinen Anhöhe liegt.

Albert-Link-Hütte, Valepper Str. 8, 83727 Schliersee-Spitzingsee. Tel. 08026/71264
www.albert-link-huette.de
Öffnungszeiten: täglich außer Montag; geschlossen April und November

63 Leitzachtaler Ziegenhof

Dieses Anwesen im Leitzachtal ist ein traditionsreicher Bauernhof, der schon seit Jahrhunderten bewirtschaftet wird und sich vor allem mit der Ziegenhaltung einen Namen gemacht hat. Wer auf der kurvigen Straße dorthin die Augen offen hält, kann gleich die grasenden Ziegen entdecken. Der biologisch-dynamisch bewirtschaftete Hof hat neben sechzig Milchziegen noch vierzehn Milchkühe sowie Jungtiere, Schweine und Gänse. In dem kleinen Hofladen gibt es vor allem Ziegenkäse in verschiedenen Varianten: Gouda, Brie, Frischkäse oder Feta. Zahlreiche Urkunden an der Wand, darunter auch von einem bekannten Feinschmeckermagazin, belegen, dass hier erstklassige Ware produziert wird. Natürlich gibt es auch Ziegenmilch zu kaufen und während der Sommermonate Fleisch vom Milchzicklein. So ganz nebenbei ist der Hof auch gut im Geschäft mit Urlaub auf dem Bauernhof.

Wie man hinkommt

Man fährt von Miesbach durch das Leitzachtal nach Fischbachau. Kurz hinter der Abzweigung nach Birkenstein kommt eine Engstelle, und nach einigen hundert Meter sieht man auf einer Kuppe rechts den Ziegenhof.

Leitzachtaler Ziegenhof, Sandbichl 4, 83730 Fischbachau. Tel. 08028/2064
www.urlaubaufdembauernhof.de/beimkrug
Öffnungszeiten: Mo–Sa 16.00–18.30 Uhr, Sonn- und Feiertage geschlossen

Destillerie Lantenhammer

Schnapsbrenner gibt es im bayerischen Alpenland viele, doch Qualitätsproduzenten wie der Lantenhammer sind eher selten. In dem alteingesessenen Familienbetrieb, der 1928 gegründet wurde, werden vor allem hochwertige Obstbrände ohne Zucker und Zusätze hergestellt, die dann bis zu drei Jahre lagern und reifen. Im Sortiment findet man Klassiker wie Williamsbirne, Marille, Vogelbeere, Schlehe und Wildkirsche. Passend dazu gibt es eine Auswahl an Fruchtbränden mit geringerem Alkoholgehalt. Zu den Spezialitäten des Hauses zählen der König-Ludwig-Bierbrand, der aus dunklem Bier von der Brauerei Schloss Kaltenberg gebrannt wird, sowie ein 42-prozentiger Walnussgeist. Die Destillate kann man ebenso wie die mit Bränden gefüllten Trüffeln in Geschenkpackungen liefern lassen. Bei der Brennerei am Ortsrand von Schliersee gibt es aber auch einen Verkaufsladen, und wer will, kann die Destillerie besichtigen.

Wie man hinkommt

Nach Schliersee geht es von der Autobahn München–Salzburg über die Ausfahrt Weyarn oder Irschenberg Richtung Miesbach, weiter nach Hausham und von dort Richtung Schliersee. Wenn man den Ortsanfang erreicht, biegt gleich links die Urtlbachstraße ab, in der sich auch die Brennerei befindet. Schliersee hat etwa stündlich Zugverbindungen mit München/Holzkirchen/Miesbach.

Destillerie Lantenhammer, Urtlbachstr. 1a, 83734 Schliersee. Tel. 08026/92480

www.lantenhammer.de

Öffnungszeiten: Mo–Fr 9.00–12.00 Uhr, 14.00–18.00 Uhr, Sa 9.00–12.00 Uhr

Fischerei Tegernsee

Nur wenige Meter vom berühmten Bräustüberl entfernt befindet sich eine weitere Institution des Tegernseer Tals, die sich allerdings fast schamhaft in einem winzigen Gebäude an der Hauptstraße versteckt. Es ist die Fischerei Tegernsee, wo man alles, was aus dem See geholt wird, wie Saibling, Renke, Forelle, Lachsforelle und Aal, fangfrisch oder geräuchert kaufen kann. Geräuchert wird nach klassischer Art über Holz. Im Laden gibt es hinter der Eingangstür eine kleine Ecke, in der man einen Imbiss und ein Glas Wein zu sich nehmen kann. An Wochenenden kommen die Kunden sogar zum Austernschlürfen hierher, denn schließlich ist der Tegernsee immer noch eine schicke Adresse, und die Besitzer von Wochenend- und Zweitwohnungen mögen es gerne ein wenig nobel. Eher urig ist dagegen die Brotzeitstation der Fischerei bei Kreuth, die samt Fischteichen Richtung Achenpass etwa einen Kilometer hinter der Abzweigung zum Wildbad liegt.

Wie man hinkommt

Man fährt von Gmund her kommend in den Ort bis zum Schloss und zum berühmten Bräustüberl. Danach geht es noch ein kurzes Stück auf der Straße weiter, bis man rechts beim Yachtclub den Fischladen sieht. Direkt daneben sind einige Parkplätze.
Tegernsee ist von München stündlich mit dem Zug zu erreichen.

Fischerei Tegernsee, Seestr. 42, 83684 Tegernsee. Tel. 08022/1561
Öffnungszeiten: Mo–Fr 9.00–18.00 Uhr, Sa 8.30–13.00 Uhr

Brennerei Liedschreiber

Diese Brennerei am Nordufer des Tegernsees ist noch recht neu im Geschäft, denn früher hat man beim Liedschreiber neben dem landwirtschaftlichen Betrieb mehr oder weniger nur zum Hausgebrauch gebrannt, weil sich auf diese Weise das Obst aus den eigenen Gärten gut verwerten ließ. Seit vier Jahren ist das anders: Auf dem idyllisch gelegenen Hof werden gut dreißig verschiedene Sorten Brände, Geist und Liköre produziert, darunter neben den Klassikern wie Williamsbirne, Zwetschge, Aprikose, Quitte, Obstbrand und Himbeergeist auch ausgefallenere Kreationen wie Haselnussgeist und Mango.

An dieser Stelle sei einmal für all jene, die es nicht wissen, erklärt, was den Geist eigentlich vom Brand unterscheidet. Der Unterschied liegt ganz einfach in der jeweiligen, auf die Art der Frucht abgestimmten Herstellung. Beim Brand werden die Früchte eingemaischt, und der Alkohol wird aus dem vergorenen Obst gewonnen. Beim Geist hingegen setzt man die Früchte mit reinem Alkohol an, und anschließend wird gebrannt. Neben den hervorragenden hochprozentigen Produkten findet man beim Liedschreiber auch »weichere« Erzeugnisse in Form zahlreicher Liköre.

Wenn man sich durch Aprikosen-, Brombeer-, Kaffee- und Bierlikör, durch Ananas- und Zitronenlikör durchprobiert, dürfte der Alkoholpegel allerdings auch nicht unbeträchtlich sein. Inzwischen gehören etliche Gastronomiebetriebe der Region zu den Abnehmern der Liedschreiber-Erzeugnisse; daneben wird an Privatkunden überwiegend ab Hof verkauft.

Wie man hinkommt

Der Hof der Familie Liedschreiber liegt etwas versteckt oberhalb des Tegernsees. Von Norden kommend, biegt man kurz hinter Gmund links ab nach Ostin. Man fährt links zum Gut Schwärzenbach, einer BMW-Tagungsstätte, dann weiter bis zu einem Sägewerk und biegt kurz darauf rechts ab zu einem Bauernhof, der majestätisch oberhalb der Straße liegt.

Brennerei Liedschreiber, Schafstatt 1, 83703 Gmund. Tel. 08022/75412
Öffnungszeiten: zu den üblichen Geschäftszeiten, sonst nach telefonischer Vereinbarung

Ökologische Landwirtschaft und Bioprodukte haben auf diesem herrschaftlichen Anwesen schon eine langjährige Tradition. Bereits seit 1983 wird hier nach den Richtlinien des Bioland-Verbands gearbeitet. Das Ergebnis kann sich sehen lassen. Der rund zweihundert Hektar umfassende Betrieb, davon mehr als die Hälfte oberhalb des Spitzingsees, produziert Gemüse, Salate und Kräuter mit höchstem Qualitätsanspruch, insgesamt rund fünfzig verschiedene Arten. Die Mutterkühe und ihre Kälber verbringen den Sommer im hoch gelegenen Almengebiet am Spitzing, was die Qualität und den Geschmack der Milch spürbar steigert. Im Hofladen des Bioguts, der die Ausmaße eines kleinen Supermarktes hat, wird neben frischem Obst und Gemüse eine große Auswahl an Fleisch und Wurstwaren sowie Milchprodukten angeboten. Daneben kann man hier aus einem vielseitigen und umfangreichen Angebot an Weinen auswählen, sich mit Säften, Bier, Eiern, Brot, Backwaren und selbst Reinigungsmitteln eindecken.

Was nicht aus dem eigenen Betrieb stammt, wird von anderen Bioproduzenten bezogen. Innerhalb des Landkreises Miesbach bietet das Gut auch eine Belieferung mit dem so genannten Biokorb an, in dem verschiedene Gemüse-, Obst- und Rohkostsortimente zusammengestellt sind.

Wie man hinkommt

Auf der Straße von Weyarn (Anschluss zur Autobahn München–Salzburg) nach Miesbach zweigt etwa zwei Kilometer vor dem Ort eine Straße direkt zum Biogut ab. Der Weg ist beschildert.

Biogut Wallenburg, Wallenburg, 83714 Miesbach. Tel. 08025/1409
www.biogut-wallenburg.de
Öffnungszeiten: Mo–Sa 8.30–12.30 Uhr, Mi u. Fr auch 14.00–18.00 Uhr

Metzgerei Huber

Es ist nicht gerade ein idyllischer Standort mitten im Miesbacher Gewerbegebiet, aber der Nachfrage tut das keinen Abbruch. Die Metzgerei Huber gehört in der Gegend zu den besten und beliebtesten Adressen, wenn es um Fleisch und Wurst geht. Das Vieh stammt von einheimischen Bauern, wird im Haus geschlachtet, und entsprechend frisch ist die Ware. Spezialität des Hauses sind vor allem verschiedene bayerische Wurstwaren, wobei der Weißwurst ein besonderer Status zukommt – man kann sie sich jeden Freitagvormittag frisch aus dem Kessel servieren lassen, ein alter, fast vergessener Brauch, der hier noch gepflegt wird und bei den Kunden großen Anklang findet. Das Sortiment im Laden, zu dem auch Käse und Salate gehören, ist nicht nur vielfältig, sondern sieht ausgesprochen appetitlich aus und wird entsprechend präsentiert.

Wie man hinkommt

Die Metzgerei befindet sich im Gewerbegebiet im Miesbacher Norden. Von Weyarn und der Autobahn München–Salzburg kommend, geht es vor dem Ort gleich rechts in das Gewerbegebiet. Vorbei an Fiat- und Hondahändlern sieht man nach etwa einem Kilometer rechts die Metzgerei.

Metzgerei Huber, Am Windfeld 40, 83714 Miesbach. Tel. 08025/999003

www.metzgereihuber.de

Öffnungszeiten: Di–Do 6.30–12.30 Uhr, 14.30–18.00 Uhr, Fr 6.30–18.00 Uhr, Sa 6.30–12.00 Uhr

69 Weißbierbrauerei Hopf

Wenn es um das Weißbier geht, dann ist der Hopf in Miesbach eine der ersten Adressen in Oberbayern, denn seit Jahren sammelt die Brauerei Auszeichnungen für ihre Weißbiersorten. Ursprünglich in Garmisch-Partenkirchen beheimatet, zog sie 1921 nach Miesbach um. Alles dreht sich hier ums Weißbier – neben den Klassikern, dem hellen und dunklen Hefeweißbier, gibt es noch den weißen Bock und die hefefreie Kristallweiße.

Wie man hinkommt

Die Brauerei liegt etwas nördlich des Zentrums von Miesbach. Man fährt über die Münchner Straße und Rosenheimer Straße zunächst Richtung Stadtmitte, biegt aber vorher in die Wallenburger Straße ein, von der die Schützenstraße abgeht. Nach einer Unterführung liegt rechts die Brauerei.

Zugeständnisse an den Zeitgeschmack sind die leichte Weiße und die Eisweißbiere. Eine Sonderstellung nimmt das Schlierseer Bier ein, ein klassisches Helles, das jedoch im Auftrag einer Ingolstädter Brauerei produziert wird. Vor kurzem wurde die Brauerei vom Bierkonzern Hacker-Pschorr übernommen, aber an der Brautradition beim Hopf soll sich nichts ändern, wie aus München verlautet. In einer Hinsicht wäre eine Änderung allerdings fast wünschenswert – man sollte den Hopf durch ein Brauereistüberl ergänzen.

Weißbierbrauerei Hopf, Schützenstr. 8–10, 83714 Miesbach. Tel. 08025/29590
www.hopfweisse.de
Öffnungszeiten: Mo–Do 7.00–11.30 Uhr, 13.00–16.00 Uhr, Fr 8.00–12.00 Uhr

Der Südosten

Zwischen Inn und Salzach, Chiemgau und Berchtesgadener Land

Wasserburger Kaffeerösterei

Man könnte ihn leicht übersehen, den kleinen Laden unter den Lauben am Marienplatz im Herzen von Wasserburg, denn hier im malerischen Zentrum der alten Innstadt gibt es Sehenswertes genug wie das historische Rathaus und die Stadthäuser im italienischen Stil. Doch auch die vielen Cafés fallen auf. Es ist nicht zu übersehen, dass der Kaffee in den letzten Jahren wieder enorm an Popularität gewonnen hat, und zwar durch interessante neue Angebote. Die hat auch der kleine, erlesene Laden der Rösterei zu bieten. In dem mit allerhand nostalgischem Mobiliar ausgestatteten Raum kann man bei der Auswahl der verschiedenen Kaffeesorten aus aller Herren Länder oder angesichts der diversen Espressomischungen, Mokkas und Biokaffees viel Zeit verstreichen lassen. Auch das Angebot an Tees, Weinen, Likören und Süßem ist nicht zu verachten. Das Einkaufserlebnis wird noch gesteigert, wenn man in aller Ruhe einen Espresso oder Cappuccino genießt. Geröstet wird übrigens nicht in Wasserburg, wie man vermuten möchte, sondern in Schechen nördlich von Rosenheim.

Wie man hinkommt

Das Zentrum von Wasserburg erreicht man entweder von Westen von der B 304 kommend oder von Osten über die alte Innbrücke. Mit etwas Glück findet man einen Parkplatz direkt am Marienplatz. Sonst wartet ein großer Parkplatz nur wenige Meter entfernt an der Tränkgasse, der Verlängerung des Marienplatzes. Das Kaffeegeschäft befindet sich direkt gegenüber dem Rathaus.

Wasserburger Kaffeerösterei, Marienplatz 11, 83512 Wasserburg. Tel. 08071/510604
www.wasserburger-kaffee.de
Öffnungszeiten: Mo–Fr 7.30–19.00 Uhr, Sa 8.00–18.00 Uhr

Käserei Lerchenmüller

Dass die Milch für den Käse dieses Familienbetriebes entweder aus den Bergen Tirols oder aus dem bayerischen Alpenland bezogen wird, hat gute Gründe, denn das gehaltvollere Futter auf den hoch gelegenen Almen wirkt sich positiv auf den Geschmack der Milch und damit auch auf den Käse aus, der hier produziert wird. Das Sortiment umfasst vierzig Sorten aus Kuh-, Schaf- und Ziegenmilchkäse, aber bekannt ist der Lerchenmüller vor allem für seine Schaf- und Ziegenkäse, für die er schon diverse Auszeichnungen erhalten hat. Beim Weichkäse ist das Angebot ausgesprochen international und reicht vom Busana über den Ziegencamembert, Schafsbrie und Gletscherkäse bis zum Feta. Außerdem gibt es verschiedene Schnittkäse wie Bergkäse, Alpenkäse oder Ziegentaler. Weiterhin werden Schafjoghurt sowie Trink- und Bademolke produziert. Eine eigene Frischdienstflotte liefert den Käse selbst ins Ausland, aber man kann sich auch per Post oder Paketdienst versorgen lassen.

Wie man hinkommt

Von München aus fährt man auf der Autobahn Richtung Salzburg bis zur Ausfahrt Vaterstetten. Dort biegt man links auf die B 304 ein. Kurz nach der Ortsdurchfahrt von Reitmehring hält man sich rechts Richtung Wasserburg und biegt beim Kreisverkehr auf der Münchner Straße in die Anton-Woger-Straße ab.

Käserei Lerchenmüller, Anton-Woger-Str. 10, 83512 Wasserburg. Tel. 08071/10433
www.kaeserei-lerchenmueller.de
Öffnungszeiten: Mo–Fr 9.00–17.00 Uhr, Sa 9.00–14.00 Uhr

Metzgerei Gassner

Aus einer kleinen, bescheidenen Landmetzgerei hat sich ein florierender Betrieb mit elf Filialen gemausert. Schon auf den ersten Blick wirken die Geschäftsräume wie Musterläden mit besonders aufmerksamer Bedienung, und erstklassig sind auch die Waren. Was im zentralen Produktionsbetrieb in der Nähe von Ampfing geschlachtet wird, kommt von Bauern aus der Region, und jedes Rind, heißt es, wird vom Chef Georg Gassner persönlich ausgewählt. Die Spezialitäten des Hauses sind verschiedene Schinken, Pfefferbeißer, Bärlauchwurst sowie Bärlauchsülzen und Eisbeinsülze. Außerdem gibt es eine Palette an Bioprodukten wie zum Beispiel Haussalami, Paprikasalami und Kaminwurzen sowie eine stattliche Käseauswahl und diverse Salate. An einer Warmtheke kann man sich einen kleinen Imbiss holen.

Wie man hinkommt

Die Metzgerei Gassner liegt an der Straße von Wasserburg nach Rosenheim direkt im Zentrum von Griesstätt in einer großen Kurve. Weitere Filialen sind unter anderem in Amerang, Eiselfing, Edling, Rimsting und Prien.

Metzgerei Gassner, Wasserburger Str. 2, 83556 Griesstätt. Tel. 08039/1075
Öffnungszeiten: Mo 7.00–12.30 Uhr, Di–Fr 7.00–12.30 Uhr, 14.00–18.00 Uhr, Sa 7.00–12.30 Uhr

Schlossbrauerei Stein

Heinz vom Stein soll der Legende nach ein wilder Raubritter gewesen sein, der an den Ufern der Traun sein Unwesen trieb. Heute verbindet man mit seiner Person keine unangenehmen Erinnerungen mehr, vielmehr ist er trotz seines unrühmlichen Lebens zum Namenspatron der Schlossbrauerei aufgestiegen. Das Bierbrauen hat in Stein eine lange Tradition und geht auf das Jahr 1489 zurück. Nach Jahrhunderten im Besitz adliger Geschlechter kamen Schloss und Brauerei 1934 in den Besitz der Familie Wiskott, die bis auf den heutigen Tag das Unternehmen in Eigenregie führt. Das Malz stammt aus kontrolliertem ökologischem Anbau, die Hefe wird in Reinkultur selbst hergestellt, und das Wasser kommt aus der Burgquelle. Im Sortiment sind Export Hell, Märzenbier und Dunkles, sowie als Aushängeschild die Heinz-vom-Stein-Biere, bei denen es sich um helles und dunkles Weizenbier handelt. Weitere Spezialitäten sind das untergärige und ungefilterte Zwickelbier, das noch wie in guten alten Zeiten gebraut wird, und der Steinbock, der sich mit beachtlichen siebeneinhalb Prozent Alkohol nicht gerade als Durstlöscher eignet.

Wie man hinkommt

Stein an der Traun liegt direkt an der B 304 und ist damit sowohl von Süden über Traunstein als auch von Westen über Wasserburg leicht erreichbar. In Stein biegt man beim Gasthof zur Post in die Nebenstraße ab und sieht nach fünfzig Metern links die Brauerei.

Schlossbrauerei Stein, Schlosshof 2, 83371 Stein an der Traun. Tel. 08621/98320

www.brauerei.steiner-bier.de

Öffnungszeiten: Mo–Fr 7.00–12.00 Uhr, 13.00–16.00 Uhr

Hofbäckerei Steingraber

Die Hofbäckerei ist ein traditionsreicher Betrieb, der seit 1876 besteht, aber längst keine reine Bäckerei mehr ist. In der eigenen Landwirtschaft werden Weizen, Roggen, Dinkel und Kartoffeln nach Demeter-Richtlinien angebaut sowie Kühe und Schweine gehalten. Das Getreide wird für die Produktion der Demeterbrote verwendet. Das Angebot ist umfangreich und reicht von Sauerteigbroten, Weizenbroten bis zu Backfermentbroten und Broten aus biologischem Weißmehl. Dazu gibt es eine reichhaltige Auswahl an Vollkornbackwaren, die mit Dinkelmehl, Honig und Butter hergestellt werden – Nusshörnchen, Krapfen, Croissants, Bienenstich, Cremeschnitten und Apfelstrudel, aber auch Gemüsepizza oder Zwiebelkuchen. Zusätzlich werden noch saisonale Backwaren wie Zwetschgendatschi im Sommer oder Stollen im Winter produziert.

Außerdem werden in dem geräumigen Laden hofeigene Produkte wie Bergkäse, Wurst sowie zahlreiche Salate und Gemüse verkauft. Wer den Weg ins Mangfalltal scheut, sollte sich erkundigen, auf welchen Bauernmärkten in München oder in der Region die Hofbäckerei mit einem Stand vertreten ist.

Wie man hinkommt

Vagen erreicht man von München kommend auf der Staatsstraße 2078 über Feldkirchen-Westerham oder über die Autobahn München-Salzburg bis zur Ausfahrt Weyarn. Von dort fährt man Richtung Feldkirchen und biegt am Ortsanfang rechts Richtung Vagen ab. Dort sieht man gleich an der Hauptstraße gegenüber einer Bankfiliale Steingrabers Laden.

Hofbäckerei Steingraber, Neuburgstr. 2, 83620 Vagen. Tel. 08062/1233
www.hofbaeckerei-steingraber.de
Öffnungszeiten: Mo 7.00–12.30 Uhr, Di–Fr 7.00–12.30, 14.30–18 Uhr, Sa 7.00–12.00 Uhr

Auf diesem stattlichen Gut in der Nähe von Rosenheim ist Jungbullenfleisch die Spezialität des Hauses. Dem äußeren Anschein nach müssen die Geschäfte hier nicht schlecht laufen, denn in den letzten Jahren ist ein schmucker Hofladen entstanden, der mit den meisten Metzgereien durchaus konkurrieren kann.

Wie man hinkommt

Aus Rosenheim kommend, biegt man nach der Innbrücke gleich rechts ab, fährt über den Ziegelberg und dann nach dem Bahnübergang links in Richtung Frasdorf/Achenmühle. Nach wenigen hundert Metern ist rechts der Gutshof samt Hofladen mit unübersehbaren Werbetafeln erreicht.

Neben einer erstklassigen Auswahl an Fleisch- und Wurstwaren findet man dort Käse von einer Käserei am Samerberg, Holzofenbrot und andere Backwaren, Eier und Kartoffeln aus ökologischer Landwirtschaft. Aber das Wichtigste auf dem Hof ist und bleibt natürlich die Bullenzucht, bei der mit Heu, Mais und Bierhefe gefüttert wird. Geschlachtet wird auf dem Hof – das ist weniger belastend für die Tiere und schonender fürs Fleisch, das durch die auf dem Weg zum Schlachthof entstehenden Stresshormone zäh werden kann, heißt es auf dem Filzenhof. Wer will, kann vom Laden aus auch einen Blick in die Kühlräume werfen, in denen das Fleisch bis zur Weiterverwendung reift, aber das ist vielleicht nicht für jeden Geschmack.

Gut Filzenhof, Lauterbacher Str. 6, 83083 Niedermoosen. Tel. 08031/9089990
www.filzenhof.de
Öffnungszeiten: Di–Fr 9.00–17.30 Uhr, Sa 8.00–12.00 Uhr

76
Kaffeerösterei Dinzler

Rosenheim

Lang, lang ist es her, dass dem deutschen Kaffeeliebhaber der Begriff »Bohnenkaffee« als Qualitätskriterium genügte. Heute gibt es jede Menge Kaffeespezialitäten, und Espresso und Cappuccino sind in Oberbayern so selbstverständlich wie Leberkäse und Weißwurst. Das ist nicht zuletzt auch ein Verdienst von kleinen, qualitätsbewussten Kafferöstern, unter denen der Dinzler in Rosenheim ein Musterbetrieb ist. Rösterei und Kaffeehaus befinden sich in einem loftartigen Industriegebäude, in dem wirklich röstfrische, sortenreine Kaffees und Mischungen angeboten werden – vom klassischen italienischen Espresso bis zu Exoten wie Kona aus Hawaii oder dem sündteuren Jamaica Blue Mountain. Die Auswahl ist imposant, und man kann sich den Kaffee

seiner Wahl ganz individuell mahlen lassen. Erfreulich ist vor allem, dass diese hochwertigen Kaffees nicht wirklich teuer sind. Und für die erlesene Qualität spricht wohl, dass Sternekoch Heinz Winkler in seiner *Residenz* in Aschau seinen Gästen Espresso vom Dinzler kredenzt.

Der Gustoso der Rösterei wurde übrigens vom Feinschmecker-Magazin zum besten deutschen Espresso gekürt. Das Sortiment ergänzen feine Kaffeeaccessoires, Schokoladen sowie hausgemachte Kuchen. Einen Besuch lohnt auch die Filiale in der Kunstmühle im südlichen Rosenheim.

Wie man hinkommt

Das Stammhaus in der Innstraße ist sehr zentrumsnah. Man fährt von der Autobahn kommend über die Kufsteiner Straße bis zum Ludwigsplatz und dort rechts in die Innstraße. Parkplätze sind vor dem Haus. Zum relativ jungen Kaffeehaus mit Restaurant in der Kunstmühle kommt man über die Klepperstraße, von der man in die Kunstmühlstraße abbiegt. Auch hier sind Parkplätze vorhanden. Eisenbahnbenutzer kommen vom Bahnhof über den Kleppersteg zur Klepper- und Kunstmühlstraße.

Kaffeerösterei Dinzler, Innstr. 13, 83022 Rosenheim. Tel. 08031/797590
www.dinzler.de
Öffnungszeiten: Mo–Fr 9.00–18.00 Uhr, Sa 9.00–15.00 Uhr

Bäckerei Leitner

Sie sind gottlob noch nicht ganz ausgestorben, die Bäcker, die ihr Handwerk nach Großvätersitte betreiben und eigenhändig in der Backstube Brot und Gebäck herstellen und auf vorgefertigte Waren, die vom Verkaufspersonal nur schnell in den Ofen geschoben werden, verzichten. So eine Bäckerei ist der Leitner in Neubeuern, genau genommen im Ortsteil Altenbeuern. Davon kann man sich selbst überzeugen, wenn man den kleinen Verkaufsraum betritt und einen Blick in die Backstube wirft. Das Angebot ist ländlich bodenständig: Hier gibt es keine exotischen Kreationen, sondern typisch bayerische Brotsorten wie das Bauernbrot aus Natursauerteig, Holzofenbrote oder Brote mit Dinkel und Roggen, die auch für Allergiker geeignet sind. Das Mehl wird von der Leitzachmühle in Miesbach geliefert. Eine Spezialität des Hauses ist der drei Kilogramm schwere Laib aus Natursauerteig, der einmal in der Woche gebacken wird. Bei den süßen Backwaren überwiegen ebenfalls traditionelle Produkte wie Schuchsen und Topfenstriezel. Es ist geplant, die Bäckerei, die es seit 1906 gibt, um eine Gaststube zu erweitern und die Terrasse vor dem Haus zu vergrößern.

Wie man hinkommt

Der schnellste Weg ist über die Autobahn München–Salzburg. Von der Ausfahrt Rohrdorf fährt man nach Süden in Richtung Neubeuern und sieht im Ortsteil Altenbeuern, den man vor dem Hauptort erreicht, in einer Kurve die Bäckerei.

Bäckerei Leitner, Samerstr. 50, 83115 Neubeuern. Tel. 08035/3504
Öffnungszeiten: Mo–Fr 7.00–12.00 Uhr, 14.00–18.00 Uhr, Sa 7.00–12.00 Uhr

Der »Boisei«, wie ihn die Einheimischen nennen, ist in und rund um Oberaudorf ein Begriff. Eigentlich müsste es ja nicht der, sondern die »Boisei« heißen, denn mittlerweile liegt die winzige Weißbierbrauerei in den Händen einer Frau, der Braumeisterin Renate Bals. Gebraut wird beim Bals, den es schon seit 1927 gibt, einzig und allein Weißbier, und zwar als helles und dunkles Gebräu. Das Oberaudorfer Weißbier gibt es nicht nur in den Wirtshäusern der Umgebung, sondern auch im Direktverkauf ab Brauerei. Typisch sind die nostalgischen Flaschen mit dem Bügelverschluss wie in guten alten Zeiten. Während er bei vielen Brauereien erst neuerdings als nostalgische Rückbesinnung wieder in Mode gekommen ist, hat man beim Bals an diesem Brauch seit jeher festgehalten. Ansonsten ist die Brauerei ziemlich schlicht und nichts für bayerische Gaststuben- und Biergartenromantiker.

Wie man hinkommt
Wer von der Inntalautobahn kommt, fährt direkt ins Zentrum von Oberaudorf und hält sich Richtung Norden. An der Kirche vorbei folgt man der Rechtskurve, dann der Linkskurve, wo man gleich links in den Hof der kleinen und äußerlich unscheinbaren Brauerei fährt. Die Parkmöglichkeiten sind begrenzt.

Weißbierbrauerei Bals, Rosenheimer Str. 21, 83080 Oberaudorf. Tel. 08033/1450
www.brauereigszeitenbals.de
Öffnungszeiten: Mo–Fr 8.00–12.00 Uhr, 14.00–18.00 Uhr, Sa 8.00–12.00 Uhr, Dienstagnachmittag geschlossen

79
Metzgerei Angermann

Wenn man Aschau im Chiemgau mit gutem Essen in Verbindung bringt, dann denken die meisten natürlich sofort an Heinz Winklers vornehme Residenz, den international bekannten Gourmettempel auf dem Kirchhügel. Ganz so exklusiv muss es freilich nicht sein. Wesentlich bodenständiger und trotzdem appetitanregend geht es in der Metzgerei Angermann zu. Speziell die Wurstspezialitäten des relativ kleinen Ladens im Ortszentrum haben schon zahlreiche Auszeichnungen von Gastronomiezeitschriften und Feinschmeckerorganisationen erhalten, wovon man sich angesichts der zahlreichen Urkunden im Laden überzeugen kann. Besonders delikat, sagt man, soll die Hirschsalami sein. An regionalen Spezialitäten sind Berglammfleisch und Fleisch von Weideochsen zu nennen. Angrenzend an den Verkaufsraum gibt es ein Selbstbedienungsrestaurant – falls man sich gleich an Ort und Stelle von der Qualität der Metzgereiprodukte überzeugen will.

Wie man hinkommt

Die Metzgerei befindet sich im Zentrum von Aschau direkt an der Brücke über die Prien. Von der Autobahn und Frasdorf kommend fährt man in den Ort, bleibt auf der Hauptstraße bis zur ersten Ampel und biegt dort links in die Schulstraße ein. Nach fünfzig Metern erreicht man auf der rechten Seite die Metzgerei. Parkplätze sind vor dem Haus. Eisenbahnbenutzer gehen vom Bahnhof rechts und dann links über die Prienbrücke.

Metzgerei Angermann, Schulstr. 2, 83229 Aschau. Tel. 08052/2455
Öffnungszeiten: Mo–Fr 8.00–18.00 Uhr, Sa 7.30–12.30 Uhr

Chiemgauer Schnapsspezialitäten

Unter den zahlreichen Schnapsbrennern in den oberbayerischen Voralpen ist Johann Guggenbichler sicherlich einer der renommiertesten, denn er stellt keine billigen Schnäpse, sondern sorgfältig produzierte Edelbrände und Liköre her. Gebrannt wird auf dem stattlichen Bauernhof der Familie schon seit fünf Generationen, wobei nur vollreifes, handverlesenes Obst verarbeitet wird, und zwar in einer bemerkenswerten Vielfalt. Da sind zum einen die klassischen Brände wie Williamsbirne, Zwetschge, Vogelbeere oder Mirabelle sowie Apfel, Himbeere oder Schlehe und zum anderen verschiedene Liköre wie Aprikose, Brombeere, Kirsch bis hin zum Walnuss- oder Kräuterlikör. Ein Teil der Rohstoffe wächst praktisch direkt vor der Haustüre im Garten und auf den sonnigen Wiesen. Die Brände, die in 0,1- bis 0,5-Liter-Flaschen abgefüllt werden, kann man sich auch, in speziellen Holzkisten verpackt, zuschicken lassen, nachdem man online bestellt hat. Es gibt im Hause Guggenbichler übrigens nicht nur Schnaps: Im Hofladen wird auch Damwildfleisch verkauft.

Wie man hinkommt

Man verlässt die Autobahn München–Salzburg bei Frasdorf und fährt in die Ortsmitte, dort nach der Kirche rechts Richtung Söllhuben. Nach der Unterführung geht es links ab, und man erreicht nach drei Kilometern Oberacherting. Verlässt man die Autobahn bei Achenmühle, geht es zunächst Richtung Frasdorf und dann beim Sägewerk Daxamühle links ab, unter der Autobahn durch und hinauf nach Oberacherting.

Chiemgauer Schnapsspezialitäten, Johann Guggenbichler, Oberacherting 1, 83112 Frasdorf.
Tel. 08032/7079947, *www.chiemsee-edelbrand.de*
Öffnungszeiten: werktags von morgens bis abends ohne feste Zeiten

Anderlbauer

Anfang der neunziger Jahre baute Johann Huber den Hühnerstall seines Hofs zur Käserei um, um mit seiner Schafherde nicht länger von den sinkenden Milchpreisen abhängig zu sein. Aus einem kleinen Nebenerwerb wurde in wenigen Jahren ein florierendes Unternehmen mit zwanzig Mitarbeitern, die an die dreißig Käsesorten herstellen – so lässt sich in kurzen Worten die Karriere des Anderlbauern in Frasdorf beschreiben. Zahlreiche Zertifikate und Auszeichnungen unterstreichen den Rang der Käserei, in der

schon früh auf Bioqualität Wert gelegt wurde. Das Angebot ist recht vielfältig und umfasst die verschiedensten Ziegen- und Schafmilchkäse vom Camembert bis zum Knoblauchkäse. Neuerdings wird auch Kuhmilch verarbeitet, die sich etwa als Almkäse, Hirtenkäse oder Brie in der Kühltheke wiederfindet; ferner gibt es eine solide Auswahl an Frischkäsen. Der Erfolg des Anderlbauern, der immerhin so renommierte Adressen beliefert wie das Berliner Nobelhotel Adlon oder die Gastronomie des Bundestags, wird zweifellos noch gesteigert durch das kreative Sortiment an anderen Waren wie Lammschinkenbällchen oder Oliven-Pesto-Töpfchen. Natürlich werden auch klassische Wurst- und Schinkensorten angeboten. Besucher, die nicht nur kaufen wollen, können übrigens an den zwei- bis dreistündigen Käsereiführungen teilnehmen.

Wie man hinkommt

Den Anderlbauern findet man gleich am Ortseingang von Frasdorf nahe der Ausfahrt von der Autobahn München–Salzburg. Man hält sich Richtung Ortszentrum und biegt dann gleich rechts zum Hof ab.

Anderlbauer, Hauptstr. 4, 83112 Frasdorf. Tel. 08052/847

www.anderlbauer.de

Öffnungszeiten: Mo–Fr 10.00–12.30 Uhr, 14.00–17.00 Uhr, Sa 10.00–12.30 Uhr, Dienstag Ruhetag

Dieser idyllische Bergbauernhof bei Hinterwössen, dem kleinen, etwas abseits gelegenen Dorf auf dem Weg von der Salzburger Autobahn in Richtung Reit im Winkl, ist zum einen ein beliebtes Urlaubsdomizil besonders für Familien mit Kindern, die Urlaub auf dem Bauernhof schätzen. Zum anderen wird unter vollem Einsatz Landwirtschaft betrieben mit allem, was dazugehört – mit Kühen und Kälbern, Hühnern und Enten. Sogar Bienen gibt es, die dafür sorgen, dass der köstliche naturbelassene Honig nie ausgeht. Neben der Imkerei ist die Spezialität des Hofes die kleine Schnapsbrennerei, wo vor allem Obstbrände hergestellt werden. Der Loiderhof, zu dem noch zwei Almen gehören, ist Mitglied des Ökomodells Achental.

Wie man hinkommt

Der Loiderhof liegt etwas abgelegen außerhalb von Hinterwössen. Man fährt auf der deutschen Alpenstraße von Grassau und Bernau kommend bis Unterwössen und biegt dort von der Hauptstraße in die Taubenseestraße ab. Der Hof befindet sich am Ende des Dorfes.

Loiderhof, Taubenseestr. 56, 83246 Hinterwössen. Tel. 08640/8766
www.loiderhof.de
Öffnungszeiten: ganztägig außer an Sonn- und Feiertagen

Fischerei St. Bartholomä

Die malerische Wallfahrtskirche St. Bartholomä am Königssee zu Füßen der steilen Ostwand des Watzmanns ist wohl eine der bekanntesten Sehenswürdigkeiten in Bayern. Nicht ganz so bekannt, wenngleich ebenfalls ein beliebtes Ziel, ist die Fischerei direkt neben der Kirche. Beim Fischer vom Königssee Rudi Amort und seinem Sohn Thomas kann man sich nicht nur im Stüberl vor Ort mit geräucherten Forellen, Renken oder Saiblingen stärken – alles, was die vierhundert Jahre alte Räucherkammer zubereitet verlässt, wird auch zum Mitnehmen verkauft.

Das Räuchern ist eine ziemlich aufwändige Angelegenheit: Zuerst werden die Fische zwölf Stunden lang eingesalzen, dann gewaschen und für vier Stunden in den Räucherofen gebracht. Forellen und Saibling werden jeden Tag angeboten, Renken je nach Fangergebnis. Und wer die Spezialität der Fischer vom Königssee, die als Schwarzreiter bekannten kleinen Saiblinge, mitnehmen will, der muss das zwei Wochen vorher anmelden. Der Verkauf beginnt morgens um 11.00 Uhr; Ladenschluss ist, wenn um 18.30 Uhr oder 17.30 Uhr, je nach Jahreszeit, das letzte Schiff zurückfährt. Rudi Amort ist weit über die Grenzen des Berchtesgadener Landes hinaus bekannt, und zu seinen Kunden zählt unter anderem das Münchner First-Class-Hotel Vier Jahreszeiten.

Wie man hinkommt

Mit dem Auto geht es zunächst über Berchtesgaden bis zum großen Parkplatz am Königssee. Die Schiffe nach St. Bartholomä laufen während der ganzen Sommersaison ab 8.00 Uhr aus und verkehren etwa alle dreißig Minuten. Die Fahrtzeit beträgt etwas mehr als eine halbe Stunde.

Fischerei St. Bartholomä, St. Bartholomä 3, 83471 Schönau am Königssee. Tel. 08652/3119
www.fischervomkoenigssee.de
Öffnungszeiten: von April bis Oktober täglich ab 11.00 Uhr bis zur Abfahrt des letzten Schiffs

84

Freilassinger Biobauernladen

Freilassing

Anfang der neunziger Jahre tat sich eine Gruppe von Biobauern aus der Gegend zusammen und eröffnete in einem ehemaligen Waschhaus diesen Laden, in dem man an drei Tagen pro Woche Produkte aus kontrolliert biologischem Anbau kaufen kann.

Wie man hinkommt

Man verlässt die Autobahn München-Salzburg und folgt der Ausschilderung Freilassing. Dort biegt man Richtung Freilassing-Süd ab und fährt auf der Salzburger Straße Richtung Zentrum. Vor der Kreuzung mit der Salzburger bzw. Münchner Straße geht es rechts in die Ludwig-Zeller-Straße, wo man gleich links in einen Innenhof fährt, in dem sich der Laden versteckt. Allerdings gibt es Hinweisschilder, die einem den Weg weisen.

Das sind vor allem frisches Obst und Gemüse wie Tomaten, Gurken, Paprika, Zwiebeln, Knoblauch, Mangold, Auberginen, Fenchel und Austernpilze, diverse Salate, Äpfel, Birnen, Kirschen und verschiedene Beeren. Außerdem gibt es eine Auswahl an Naturkostprodukten von Nudeln, Müsli über Tee und Kaffee bis zu Honig und Marmeladen. Verschiedene Brote, Käse und Milchprodukte gehören ebenfalls zum Sortiment sowie Most, Wein, Prosecco, Schnäpse und Liköre. Auch Wurstwaren, Speck, Geflügel, Rind-, Schweine- und Lammfleisch werden angeboten und auf Bestellung Geschenkkörbe und kalte Platten arrangiert. Soweit die Produkte nicht von den Biobauern selbst stammen, werden sie von anderen Erzeugern wie Chiemgauer Naturfleisch und der Molkerei Piding bezogen.

Freilassinger Biobauernladen, Ludwig-Zeller-Str. 9, 93395 Freilassing. Tel. 08654/67218
Öffnungszeiten: Do 14.30–18.00 Uhr, Fr 9.00–12.00 Uhr, 14.30–18.00 Uhr,
Sa 9.00–12.00 Uhr

Eisenbichler Hof

Steil hinauf geht es zum Eisenbichler Hof am westlichen Ortsrand von Reichenhall. Wer sich die etwas mühsame Anfahrt sparen, aber trotzdem in den Genuss der Hoferzeugnisse kommen will, kann auch die Bauernmärkte in Bad Reichenhall und Traunreut aufsuchen, auf denen der Eisenbichler Hof mit einem Stand vertreten ist.
Was dort von den Bauersleuten angeboten wird, stammt aus eigener Produktion und zum Teil aus eigener Tierhaltung. Man kann sich auch erzählen lassen, wie die Rinder gefüttert werden, nämlich mit Gras, Kartoffeln und Getreide. Was Hans Gruber im Schlachthof der bäuerlichen Erzeugergemeinschaft in Marzoll schlachtet, wird anschließend auf dem Hof verarbeitet.
Im Angebot sind Rind- und Schweinefleisch, Frischwurst, Leberkäse, Presssack, Salami. Die Wurst wird teils mit und teils ohne Konservierungsstoffe hergestellt. Außerdem gibt es auf dem Hof, zu dem auch eine Almhütte gehört, noch Alm- und Bergkäse.

Wie man hinkommt

Von der Autobahn München–Salzburg kommend fährt man Richtung Bad Reichenhall bis zur Abzweigung rechts nach Karlstein und Thumsee, die sich auf der Höhe des Ortszentrums von Bad Reichenhall befindet. Nach einem Kilometer auf der Staatsstraße biegt man kurz vor Karlstein rechts ab und fährt an der Kaserne vorbei auf den Zwieselweg, bis scharf rechts die Auffahrt zum Hof kommt.

Eisenbichler Hof, Am Eisenbichl 1, 83435 Bad Reichenhall. Tel. 08651/2822
Öffnungszeiten: Es gibt keinen speziellen Hofladen, verkauft wird nach Vereinbarung oder auf den Märkten in Traunreut (Donnerstag) und Bad Reichenhall (Freitag und Samstag).

Wolfgruber Brotkultur

Ganz auf Zutaten aus biologisch kontrolliertem Anbau und Lieferanten aus der Region setzt diese Biobäckerei bei Bad Reichenhall. Produziert wird nach den Grundsätzen des Demeter-Verbands, und diese entsprechen den guten alten handwerklichen Bäckertraditionen. Industriell vorgefertigte Waren, die später in der Konsistenz bisweilen an vorgekauten Kaugummi erinnern, sind hier verpönt. Beim Wolfgruber reicht die Palette der Brote vom Goldkeimbrot über das Kamutbrot bis zu verschiedenen Dinkelbroten. Reichhaltig ist auch die Auswahl an süßen Backwaren wie Dinkelnusszopf, Dinkelkeksen bis zu den Bio Cantucci, die allerdings nicht gerade bayerischen Ursprungs sind – man präsentiert die bekannten toskanischen Mandelkekse hier in der Demeter-Version. Durch Onlineshopping hat der Wolfgruber inzwischen eine Verbreitung erreicht, die weit über die Region hinausreicht, und Postversand ist kein Problem.

Wie man hinkommt
Weithin sichtbar thront der kleine Ort Anger auf einem Hügel direkt neben der Autobahn München–Salzburg kurz vor Bad Reichenhall. Man nimmt die kleine und leicht zu übersehende Ausfahrt direkt auf der Höhe des Ortes, von der aus es nur wenige Meter bis Anger sind. Allerdings darf man nicht zum Dorfplatz hinauffahren, sondern zum östlichen Ortsrand, wo die Bäckerei steht.

Wolfgruber Brotkultur, Pfaffendorfstr. 9, 83454 Anger. Tel. 08651/213
www.wolfgruberbrotkultur.de
Öffnungszeiten: Mo–Fr 6.00–12.30 Uhr, 14.00–18.00 Uhr, Sa 6.00–12.00 Uhr

87

Landmetzgerei Wittscheck

Fleisch von Rind, Schwein und Spanferkel ist die Spezialität dieser kleinen Metzgerei, die zur kontrollierten Landwirtschaft der Familie Wittscheck gehört. Was hier frisch geschlachtet wird, kommt als küchenfertig zerlegtes Frischfleisch in die Vitrine oder wird verarbeitet, wobei man sich auch in dieser Hinsicht weitgehend auf Altbewährtes stützt und die typisch bayerischen Wurstsorten herstellt. Da es ja gerade auf dem Land Festlichkeiten in Hülle und Fülle gibt, hat sich die kleine Metzgerei zudem darauf spezialisiert, opulente Platten für solche Anlässe herzurichten. Im Laden gibt es noch eine kleine Käsetheke, außerdem werden Eier von glücklichen Hühnern und Bienenhonig verkauft. Die Hauptsache aber bleiben Fleisch und Wurstwaren, und entsprechend intensiv sind die Düfte, die aus der Wurstküche in den kleinen Verkaufsraum dringen.

Wie man hinkommt

Der kleine Weiler Niederheining liegt einige Kilometer südlich von Laufen direkt an der B 20. Kommt man von Freilassing und der Autobahn München–Salzburg, fährt man in Niederheining bei der Kirche links ab. Der Bauernhof mit dem Metzgereiladen steht direkt neben der Kirche.

Landmetzgerei Wittscheck, Niederheining 8, 88341 Laufen. Tel. 08682/7630
Öffnungszeiten: Do u. Fr 8.30–12.00 Uhr, 14.00–17.00 Uhr, Di, Mi u. Sa 8.30–12 Uhr

88 Private Landbrauerei Schönram

Im Gebäude einer ehemaligen Poststation südöstlich des Waginger Sees, wo früher die Pferde umgespannt wurden, befindet sich die kleine Brauerei, die heute zu den eher seltenen Exemplaren in Privatbesitz zählt, die noch in Oberbayern existieren. Gegründet wurde sie 1780 vom Landwirt Jakob Köllerer und ist seitdem Generationen hindurch in der Familie geblieben. Man wirbt mit dem Slogan »Das große Bier aus der kleinen Brauerei«. In Schönram werden die typischen bayerischen Sorten wie Helles, Dunkles und Hefeweißbier produziert, dazu als Aushängeschild die flaschenvergorene Schönramer Festweiße. Zum Sortiment gehören ferner verschiedene alkoholfreie Getränke aus eigener Produktion. Kaufen kann man das Schönramer Bier direkt bei der Brauerei, oder man setzt sich in das ländlich-gemütliche Bräustüberl. Für Liebhaber bayrischer Brautradition werden auch Führungen angeboten – die Termine muss man bei der Brauerei erfragen.

Wie man hinkommt

Von der Autobahn München-Salzburg fährt man bei der Ausfahrt Neukirchen nach links Richtung Teisendorf über die Siegsdorfer Straße. Am Ostrand von Teisendorf führt der Weg auf der ST 2103 nach Norden. Etwa nach fünf Kilometern biegt man links ab Richtung Waging und kommt nach einem weiteren Kilometer direkt zur Brauerei.

Brauerei Schönram, Salzburger Str. 10–14, 83367 Petting/Schönram. Tel. 08686/98800

www.brauerei-schoenram.de

Öffnungszeiten: Mo–Do 8.00–12.00 Uhr, 13.00–16.00 Uhr, Fr 8.00–12.00 Uhr

Wochinger-Bräu

Glückliches Traunstein! Während woanders die Traditionsbrauereien von den Konzernen geschluckt worden sind, gibt es hier noch eine Handvoll gestandener einheimischer Bierproduzenten. Dass man als solcher erfolgreich sein kann, zeigt der Wochinger, die kleinste der ansässigen Brauereien. Zum Bräu gehört ein großer schattiger Biergarten und ein gemütliches Lokal sowie eine Verkaufsstelle, in der die verschiedenen Biere für die heimische Vorratshaltung erworben werden können. Neben den klassischen Sorten Export Hell, Export Dunkel, Pils und Hefeweißbier gibt es als Spezialität des Hauses den Urtrunk, ein unfiltriertes Zwickelbier, das man ebenso wie die anderen Biere auch fassweise kaufen kann. Geleitet wird die Brauerei von den Brüdern Rudolf und Theo Wochinger, Nachfahren des Firmengründers Hans, der 1587 den Betrieb in Vilshofen aus der Taufe hob. Einer seiner Nachfolger zog später nach Rotthalmünster um, bis ein weiterer Nachfahre Ende des 19. Jahrhunderts diesen Ort wegen Querelen um den Bierpreis erbost verließ und nach Traunstein übersiedelte.

Wie man hinkommt

Wer die Autobahn München–Salzburg in Traunstein/Siegsdorf verlässt und Richtung Stadtzentrum fährt, biegt an der Ampel bei der Salinenstraße links ab und später erneut nach links in die St.-Oswald-Straße.

Wochinger-Bräu, St-Oswald-Str. 4, 83278 Traunstein. Tel.0861/986060
www.wochingerbraeu.de
Öffnungszeiten: Mo–Fr 7.00–17.00 Uhr, Sa 9.30–12.00 Uhr

90 Metzgerei Rührgartner

Der Rührgartner ist aus Traunstein nicht wegzudenken. Die Metzgerei samt Gasthaus in der engen Maxstraße gibt es nun schon seit mehr als fünfzig Jahren, doch heute ist es der letzte Metzgerwirt der Stadt. In der großzügigen und blitzsauberen Metzgerei, die sich neben der Wirtschaft in einem alten, gepflegten Gebäude befindet, muss man vor allem zur Mittagszeit bisweilen Schlange stehen, weil dann der Imbiss stark frequentiert wird. Beim Rührgartner hält man weitgehend auf bayerische Tradition, und deshalb gehören Klassiker wie Wollwürste, Stockwürste oder Kalbskäse ebenso zum Standardangebot wie Wild und Lamm. Aber nichts und niemand kann den Weißwürsten das Wasser reichen – sie sind hier die ungekrönten Könige und bereits zu TV-Ehren gekommen. Selbstredend werden auch nichtbayerische Rezepturen verwendet, denn der Trend zum kalorienärmeren Essen ist beim Konsumenten unübersehbar. Wer jedoch solche Überlegungen einmal über Bord werfen und auf gut Bayerisch genießen will, dem sei ein Besuch im angrenzenden Gasthaus empfohlen. Auch wer eine Feier plant, ist übrigens beim Rührgartner an der richtigen Adresse: Der hauseigene Heim- und Partyservice liefert die Spezialitäten ofenfertig ins Privatdomizil oder die Firma.

Wie man hinkommt

Die Maxstraße liegt nahe dem Stadtplatz . Von der Autobahnausfahrt Traunstein/Siegsdorf kommend fährt man Richtung Zentrum, den Berg hinauf und gleich rechts in die Maxstraße. Kurz vor dem großen Platz steht links die Metzgerei. – Traunstein hat gute Zugverbindungen mit München, Rosenheim, Prien, Freilassing und Ruhpolding.

Metzgerei und Gasthaus Rührgartner, Maxstr. 4, 83278 Traunstein. Tel. 0861/4753

www.ruehrgartner.de

Öffnungszeiten: Mo–Fr 7.00–13.00 Uhr, 14.30–18.00 Uhr, Sa 7.00–12.00 Uhr

91
Mühle St. Johann

Direkt am Ufer der Traum unweit von Siegsdorf versteckt sich diese alte Mühle, die unlängst ihr fünfhundertjähriges Jubiläum feierte. Angeblich soll sie sogar noch deutlich älter sein und gar auf das Jahr 1392 zurückgehen. Selbst in einer Region, die eine so lange Geschichte aufweisen kann wie Südostbayern, findet man ein derart ehrwürdiges Gemäuer nicht an jeder Ecke.
Wie auch immer – einen musealen Charakter hat das Bauwerk mit seinen verwinkelten Räumlichkeiten auf jeden Fall. Im Obergeschoss liegt der nostalgische Mühlenladen, wo vor allem fünfundzwanzig verschiedene Mehlsorten sowie mehr als vierzig Getreidesorten verkauft werden.
Die Ausgangsprodukte stammen alle von Bauern aus der Region, wobei der Aspekt des biologischen Anbaus gar nicht einmal die Hauptrolle spielt, wie Inhaber Josef Bachmeier verrät. Interessant ist die vielfältige Auswahl an Teigwaren, die aus dem Mehl der Mühle in Partnerbetrieben hergestellt werden. Da sind zum Beispiel Bärlauchnudeln und natürlich Italienisches wie Maccaroni und Orecchiette, aber auch die hierzulande kaum bekannten Strozzapreti. Im Angebot sind ferner Oliven- und Kürbiskernöle, Tee und Gewürze. Sympathisch ist nicht nur das Ambiente, sondern auch der freundliche Service. Im Sommer werden Mühlenführungen angeboten.

Wie man hinkommt
Von der Ausfahrt Siegsdorf/Traunstein der Autobahn München–Salzburg fährt man ein kurzes Stück nach Süden Richtung Ruhpolding. Am Kreisverkehr folgt man dann der Straße Richtung Inzell und biegt nach etwa einem Kilometer links nach St. Johann ab. Gleich am Ortsanfang geht rechts die Mühlenstraße ab (beschildert), und nach einem knappen Kilometer sieht man links die alte Mühle.

Mühle St. Johann, Mühlenstr. 25, 83313 Siegsdorf. Tel. 08662/9328
www.muehle-st-johann.de
Öffnungszeiten: Mo–Fr 8.00–17.00 Uhr, Sa 9.00–12.00 Uhr

92 Chiemseer Forellen

Eigentlich war es als Hobby gedacht, als Josef Siferlinger vor mehr als sechzig Jahren mit der Fischzucht anfing. Daraus wurde bald ein richtiger Broterwerb, der nun von der Tochter weitergeführt wird. Das Angebot ist zwar nicht sehr groß, aber die Fische sind absolut frisch. Forellen, Lachsforellen, Saiblinge und Karpfen stammen aus der eigenen Zucht und nicht aus dem nahen Chiemsee. Außerdem bietet Siferlinger noch Fischsalat an und als besondere Spezialität den allerdings nicht ganz billigen Forellenkaviar. Einen speziellen Verkaufsladen oder Ähnliches gibt es nicht. Man kann zuschauen, wie die Fische aus dem Wasser geholt, ausgenommen, gewogen und verpackt werden. Etwas rustikal wirkt das zwar, hat aber andererseits einen gewissen authentischen Charme.

Wie man hinkommt

Die Fischzucht befindet sich nur einen Steinwurf von der Autobahn München–Salzburg entfernt. Nach der Ausfahrt Feldwies/Übersee fährt man rechts, biegt bei der ersten Straße wieder rechts ab, folgt der Greimelstraße bis zum Seerosenweg, biegt dort links ab und fährt weiter bis zum Ortsrand. Kurz danach geht es direkt vor dem Ortsschild rechts ab zu dem alten Gehöft mit den Fischteichen.

Chiemseer Forellen, Neumühle 1, 83236 Übersee-Feldwies. Tel. 08642/240
Öffnungszeiten: Mo–Fr 8.00–12.00 Uhr, 13.00–17.00 Uhr, Sa 8.00–12.00 Uhr

Gut Sossau

Man kommt nicht zufällig nach Sossau. Nicht weit vom Südostufer des Chiemsees bei Grabenstätt versteckt sich der stattliche und fast herrschaftlich wirkende Gutshof zwischen Wiesen und Wäldern. Hier werden vor allem Galloway-Rinder gezüchtet, deren Fleisch an Gastronomiebetriebe, aber auch an Privatleute verkauft wird. Im Schnitt wird einmal pro Monat geschlachtet. Über genaue Termine sollte man sich also vorher informieren. Das gilt auch für das Rot- und Rehwild aus eigener Jagd. Ein weiteres Standbein des Gutes ist die Schnapsbrennerei, die Obstbrände von Apfel, Williamsbirne, Zwetschge und Kirsche produziert und die man auch im Getränkemarkt Biller in Grabenstätt kaufen kann. Interessant ist die Geschichte von Gut Sossau. Es gehört der Karg-Stiftung, die vom ehemaligen Besitzer des Hertie-Kaufhauskonzerns gegründet wurde. Der vor wenigen Jahren verstorbene Hans-Georg Karg vermachte sein Erbe der Stiftung, die sich der Förderung von Hochbegabten widmet.

Wie man hinkommt

Gut Sossau liegt zwar versteckt, aber trotzdem nicht weit von der Ausfahrt Chieming/Grabenstätt an der Autobahn München–Salzburg. Man fährt ein kurzes Stück Richtung Grassau und biegt dann links in eine schmale Straße ab (Beschilderung nach Sossau). Nach etwa einem Kilometer zweigt rechts die nur für Anlieger und Lieferanten erlaubte Zufahrt zum Gutshof ab.

Gut Sossau, Gut Sossau 31, 83355 Grabenstätt. Tel. 08661/643
Öffnungszeiten: Verkauf nach telefonischer Vereinbarung

Wie man hinkommt

Wenn man von der Autobahnausfahrt Grabenstätt/Chieming kommend in den Ort fährt, biegt man gleich nach dem Unterwirt in der Rechtskurve links ab und fährt gute hundert Meter bis zu dem schattigen Parkplatz. Man geht bis zur Uferpromenade und sieht schon auf der linken Seite des Dampferstegs die Fischerei.

Rund um den Chiemsee spielt der Fisch naturgemäß eine wichtige Rolle. Frischer als direkt an den Ufern des bayerischen Meeres kann man ihn kaum bekommen, und eine hervorragende Adresse ist zum Beispiel der Thomafischer. Nur wenige Schritte vom Urlaubstrubel am Dampfersteg in Chieming steht seine Fischerei und bleibt trotzdem ziemlich unbeachtet, denn die Touristen halten mehr nach Lokalen und den Abfahrtzeiten der Dampfer Ausschau. Schade eigentlich – denn das alte Haus mit den schmiedeeisernen Verzierungen hätte etwas mehr Aufmerksamkeit verdient.

Auch das Angebot der Fischerin Irmi Wallner kann sich durchaus sehen lassen. Dazu gehören fangfrische Renken, Forellen, Brachsen, Saiblinge und Aale, die man alle ebenfalls geräuchert bekommen kann. Zusätzlich gibt es sauer eingelegten oder nach Matjesart zubereiteten Fisch. Ein Stüberl, in dem man die Spezialitäten vor Ort genießen kann, fehlt leider – dazu ist die gastronomische Konkurrenz wohl zu zahlreich.

Thomafischer, Markstatt 10, 83339 Chieming. Tel. 08664/213
Öffnungszeiten: Räucherfisch: Do ab 10.00 Uhr und von Mai bis Oktober Di ab 10.00 Uhr
Frischfisch: Fr 9.00–12.30 Uhr und nach telefonischer Vereinbarung

Marmeladenmanufaktur a. Simssee

Manchmal wird aus einem harmlosen Zeitvertreib eine überraschend erfolgreiche Geschäftsidee. Ganz klein fing auch Rosemarie Graef-Bauer damit an, für ein elegantes Kaffeehaus in Rosenheim Marmeladen zu kochen. Sie besorgte sich ausgesuchte Früchte, kombinierte klassische mit eher ungewöhnlichen Kompositionen und achtete vor allem darauf, dass die Resultate von Zusammensetzung und Geschmack her selbst hohen Ansprüchen genügten. Sie hatte den richtigen Riecher gehabt, denn die Nachfrage wurde immer größer, und mittlerweile beliefert sie nicht nur gastronomische Betriebe und Feinkostläden, sondern auch viele Privatkunden in ganz Deutschland. Dass es sogar Leute gibt, die selbst im Urlaub nicht auf ihre Marmeladen verzichten wollen und die Gläser an die Ferienadresse nachschicken lassen, ist zwar ein Kuriosum, spricht aber für die Kreationen der Marmeladenköchin. Im Angebot sind neben Erdbeere, Himbeere, Johannisbeere, Kirsche, Brombeere und Aprikose auch exotischere Konfitüren wie Birne-Ingwer, Rhabarber-Ingwer, Erdbeere-grüner Pfeffer oder Mango-Orange. Herausragendes Kennzeichen ist der hohe Fruchtanteil von siebzig Prozent. Auf Wunsch werden übrigens ganz individuelle Kompositionen hergestellt, und der Fantasie sind hierbei kaum Grenzen gesetzt.

Wie man hinkommt
Krottenmühl ist ein kleines Dorf am Nordufer des Simssees. Man erreicht es von Rosenheim aus auf der Straße Richtung Bad Endorf. Kurz nach Prutting geht es rechts nach Krottenmühl ab. An der abknickenden Vorfahrt am Ortseingang fährt man geradeaus in die Bahnhofstraße.

Marmeladenmanufaktur am Simssee, Bahnhofstr. 12, 83139 Krottenmühl. Tel. 08053/796222
Öffnungszeiten: Verkauf nach telefonischer Vereinbarung,
Lieferung per Postexpress deutschlandweit

Forellenzucht Siferlinger

Eigentlich vermutet man gerade in der Gegend an Chiemsee und Simssee einen Fischbetrieb direkt am See. Beim Siferlinger ist das nicht so, hier züchtet man in speziellen Teichen, und das hat seine Gründe. Gerade für das Gedeihen der Forellen, so erzählt Klemens Siferlinger, sei es besonders wichtig, dass sie im Quellwasser aufwachsen. Und gerade darauf schwören auch Spitzenköche, die nur Süßwasserfische aus Quellwasser verwenden.

Der Erfolg gibt Siferlinger Recht, denn die Forellenzucht existiert bereits seit etwa vierzig Jahren. In den Teichen hinter dem Wohnhaus und dem Ladenanbau wachsen Lachsforellen und Regenbogenforellen heran. Die größten werden bis zu sieben Kilogramm schwer, wobei diese nicht in den Verkauf kommen, sondern zur Zucht verwendet werden. Neben Frischfisch kann man beim Siferlinger auch diverse Räucherprodukte bekommen.

Wie man hinkommt
Das kleine Dorf Antwort liegt nur wenige Kilometer von Bad Endorf entfernt. Man kommt dorthin entweder von Bad Endorf oder von Prien aus über Mauerkirchen, wo man beim Gasthaus auf die Nebenstraße Richtung Antwort und Hirnsberg abbiegt. Nach einem knappen Kilometer erreicht man die Forellenzucht.

Forellenzucht Siferlinger, Hirnsberger Str. 25, 83093 Antwort. Tel. 08053/529
Öffnungszeiten: Mo–Sa 8.00–12.00 Uhr, Mi, Do u. Fr auch 13.00–18.00 Uhr

97

Metzgerei Maier

Was früher in bayerischen Dorfgasthäusern zum guten Ton gehörte, dass man im Haus eine eigene Metzgerei hatte, das ist heute eher eine Rarität, vor allem wenn es sich wie im Gasthof zur Post östlich von Rosenheim um einen echten Qualitätsbetrieb handelt. In dem kleinen Laden neben dem Gasthauseingang wird nur hochwertiges Fleisch verarbeitet. Alles, was bei Metzgermeister Georg Maier geschlachtet wird, stammt ausschließlich von Bauernhöfen aus der Region. Neben den klassischen bayerischen Wurstwaren umfasst das Angebot Feinkost und kalorienarme Spezialitäten sowie eine Auswahl an Salaten und warmen Brotzeiten. Einen Besuch wert ist auch die zur Metzgerei gehörende Gastwirtschaft mit ihren rustikalen, holzgetäfelten Stuben, wo die Produkte der Metzgerei zu herzhaft verarbeiteten Speisen auf den Tisch kommen.

Wie man hinkommt

Prutting liegt rund acht Kilometer von Rosenheim entfernt an der Straße nach Bad Endorf. Der stattliche Gasthof mit der Metzgerei steht mitten im Ort an der Kreuzung und ist nicht zu verfehlen.

Metzgerei Maier und Gasthof zur Post, Salzburger Str. 1, 83134 Prutting. Tel. 08036/2383
www.gasthof-zur-post-prutting.de
Öffnungszeiten: Mo 6.30–13.00 Uhr, Di–Fr 6.30–18.00 Uhr, Sa 6.30–12.30 Uhr

Wie man hinkommt

Gut versteckt liegt die Fischhütte nur wenige Meter vom Seeufer am Nordrand von Prien im Ortsteil Osternach. Man fährt vom Zentrum auf der Seestraße Richtung Dampferanlegestelle und folgt kurz vor dem See links der Beschilderung zum Prienavera. Auf der Osternacher Straße geht es etwa einen Kilometer nach Norden, bis nach einer Linkskurve rechts der Forellenweg abzweigt. Am Ende des Weges beim Parkplatz sind es noch etwa hundertfünfzig Meter bis zur Fischhütte.

Auf den ersten Blick liegt die Fischhütte im ruhigen Ortsteil Osternach ziemlich abseits. Doch das täuscht, denn die Lage könnte strategisch nicht besser sein – schließlich kommen hier die zahllosen Radler vorbei, die den Chiemsee ganz oder wenigstens teilweise umrunden. Natürlich gibt es zusätzlich noch genügend andere, die gezielt zu der schlichten Holzhütte kommen, denn hier gibt es exzellenten Fisch, sowohl frisch als auch geräuchert: Renken, Brachsen, Forellen, Saibling – im Angebot ist alles, was gerade ins Netz gegangen ist. Einiges davon – wie Räucherfisch, Fischsemmeln und Steckerlfisch – kann man auch gleich auf der großen Terrasse im Grünen genießen.

Fischhütte Reiter, Forellenweg 29, 83209 Prien am Chiemsee. Tel. 08051/4139
Öffnungszeiten: im Sommer täglich ab 12.00 Uhr, im Winter Sa u. So ab 12.00 Uhr

99

Seppenbauer

Bernau

Der Seppenbauer ist ein typischer oberbayerischer Bauernhof am Ortsrand von Bernau am Chiemsee. Die zwanzig Hektar Fläche, die nach ökologischen Richtlinien bewirtschaftet werden, verteilen sich Richtung Chiemseemoor zur einen und Richtung Alpen zur anderen Seite. Auf den Bergwiesen weiden die Pinzgauer Rinder des Bauern, deren Fleisch ausschließlich über den eigenen Hofladen verkauft wird. Bei der Wurstherstellung werden alte Rezepturen ohne Aroma- und Konservierungsstoffe zu Grunde gelegt. So ist auch die Produktion des gefragten Schwarzgeräucherten ganz traditionell – es wird erst in Lake eingelegt und dann über Holz geräuchert. Begehrt ist ferner Wild, das küchenfertig zubereitet wird. Da zum Bestand des Hofs Hühner, Enten und Gänse gehören, werden natürlich ebenfalls Geflügelfleisch und Eier angeboten. Hausgemacht sind auch die Marmeladen im Hofladen, während Honig und Schnäpse von Herstellern aus der Umgebung stammen. Wenn man schon einmal da ist und Zeit hat, kann man eventuell eine Kutsch- und Schlittenfahrt mit den Norikerpferden des Seppenbauern unternehmen.

Wie man hinkommt
Der Hof liegt an der Straße, die von Bernau Richtung Grassau führt. Auf der Autobahn München–Salzburg nimmt man die Ausfahrt Prien/Bernau und fährt Richtung Ortsmitte, wo an einer Ampel die Rottauer Straße abgeht. – Bernau hat etwa stündlich Zugverbindungen mit München, Rosenheim, Prien, Traunstein und Freilassing.

Seppenbauer, Rottauer Str. 72a, 83233 Bernau. Tel. 08051/9617222
www.seppenbauer.com
Öffnungszeiten: Mittwochnachmittag, Freitag ganztägig sowie nach telefonischer Vereinbarung

100 Winklfischer

Dass man Fisch nicht nur verkaufen, sondern auch in bodenständig rustikaler Atmosphäre erfolgreich zubereiten und an den Mann beziehungsweise die Frau bringen kann, das hat sich bei den Fischern in Prien herumgesprochen. In Osternach, einem ruhigen Ortsteil im Norden, gibt es gleich zwei solch kleiner Fischerbetriebe, die zusätzlich zum Verkauf gleich vor Ort kleine Speisen anbieten. Man stellt um die Fischerhütte herum ein paar Tische und Stühle auf, dazu Sonnenschirme, und fertig ist das Fischlokal – so funktioniert das auch beim Winklfischer. Frisch aus dem See bietet Dieter Ihm Renken, Forellen, Brachsen, Saibling und Aal an, zum Teil auch als Räucherfisch. Fertig zubereitet und zum Sofortverzehr gibt es Steckerlfisch, Bratfisch, verschiedene Räucherfische und für den kleinen Appetit Fischsemmeln. Schlichtheit ist angesagt bei solchen Lokalen, aber die Gäste sind zufrieden, selbst wenn der Seeblick fehlt.

Wie man hinkommt

In Prien fährt man auf der Seestraße Richtung Ufer und Schiffsanlegestelle in Stock. Dort biegt man links in die Osternacher Straße ein und nach etwa einem Kilometer rechts in den Forellenweg. An dessen Ende liegt hinter der Station der Wasserpolizei die Fischerhütte.

Winklfischer, Forellenweg 28, 83209 Prien am Chiemsee. Tel. 08051/64317
Öffnungszeiten: Do u. Fr 17.30–21.00 Uhr, Sa u. So 12.30–21.00 Uhr

Bildnachweis:
Günter Standl, Laufen / Obb.: Titelfoto, Seite 109, 118; Albert-Link-Hütte, Schliersee-Spitzingsee: Seite 84; Berchtesgadener Land Tourismus GmbH: Seite 108; Bräu z'Loh, Dorfen: Seite 50; Dallmayr, München: Seite 12, 13 (2 Abb.); Klaus G. Förg, Rosenheim: Seite 117 oben links; Gasthof zur Post, Fr. Maier-Püschel u. Georg Maier: Seite 124; Hahn Littlefair Communication, Wolfratshausen: Seite 68, 69; Hermannsdorfer Landwerkstätten, Glonn: Seite 18, 19; Hofpfisterei München / Designstudio Henning Bornemann: Seite 20, 21; Ludwig Hörth, Kreuth: Seite 83; Petra Huber, Neuötting: Seite 59 (2 Abb.), 60; Kaffeerösterei Dinzler, Rosenheim: Seite 100 (3 Abb.); Georg Lauterbach, Hinterwössen: Seite 107; Käserei Lerchenmüller, Wasserburg: Seite 95; Christian Prager, Piding: Seite 10/11, 54; Riedhof, Eresing: Seite 32 links; Riedhof, Eresing / Alexander Kaya, Augsburg: Seite 32 rechts; Metzgerei Rührgartner, Traunstein: Seite 117 rechts oben, links unten; ROHA-Fotothek Fürmann, Teisendorf: Seite 8, 17, 23 links, 25, 27, 36 oben, 55, 123 unten; Bernd Römmelt, München: Seite 15 oben, 16, 44 links, 45 rechts, 64/65, 72, 76/77, 79, 80 unten, 81 unten; Schätzl GmbH, Moosburg: Seite 46; Schaukäserei Ammergauer Alpen/karpfmedien: Seite 78; Schloss Hohenkammer: Seite 42; Kurt Schubert, Prien am Chiemsee: Seite 38/39, 61 rechts unten, 92/93, 119, 121 unten, 123 oben; Chiemgauer Schnapsspezialitäten / P. Weilacher: 105; Georg Weindl, Flintsbach am Inn: Einbandrückseite, Seite 14 (2 Abb.) 15 unten, 16 oben, 22, 23 rechts, 24, 26 (2 Abb.), 28 (2 Abb.), 29, 30, 31, 33, 34 (2 Abb.), 35, 36 unten, 37, 40, 41, 43, 44 rechts, 45 links, 47, 48, 49, 52, 53, 56 (2 Abb.), 57, 58 (2 Abb.), 61 oben und Mitte, 62, 66, 67, 70, 71 (2 Abb.), 73 (2 Abb.), 74, 75, 76, 80 oben, 81 oben, 82, 85, 86, 87, 88, 89 (2 Abb.), 91 (2 Abb.), 94, 96, 97 (2 Abb.), 98, 99, 101, 102, 103, 104, 106 (2 Abb.), 110, 111, 114 (2 Abb.), 115, 116, 120, 121 oben, 122, 125 (2 Abb.), 126, 127 (2 Abb.); Wolfgruber Brotkultur, Anger: Seite 112, 113; Ziegenmeierei Oberlohe, Maitenbeth: 51 (2 Abb.).

Das Titelfoto entstand in der Mühle St. Johann, Siegsdorf (Beitrag auf Seite 118); das Foto auf dem Rückendeckel bei Dinzler in Rosenheim (Beitrag auf Seite 100/101).

Die Karten auf der Innenseite der Klappen sind Ausschnitte aus der Autokarte Österreich 1:60000, © Freytag-Berndt u. Artaria, A-1230 Wien. Der Verlag dankt für die freundliche Genehmigung zum Abdruck.
Die Nummern der im Buch vorgestellten Betriebe wurden in die Karte eingetragen von der KCS GmbH, Buchholz i. d. Nordheide.

Lektorat: Ulrike Nikel, Herrsching am Ammersee
Satz und Layout: VerlagsService Dr. Helmut Neuberger & Karl Schaumann GmbH, Heimstetten
Bildreproduktion: Stragenegg Scan, Kolbermoor
Druck und Bindung: Graspo CZ, a. s., Zlín
Printed in Czech Republic

ISBN 978-3-475-53803-2